VEGAN KOCHEN MIT KOKOS

66 LECKERE REZEPTE

Das neue vegane Kokoskochbuch von Dr. Goerg
mit 66 köstlichen Rezepten
in Zusammenarbeit mit TV-Koch Jan-Philipp Cleusters.

„Manfred Görg – Inhaber und Geschäftsführer von Dr. Goerg – beim Einpflanzen einer neuen Kokospalme auf den Philippinen."

„Ich glaube fest daran: Wenn man Gutes von Herzen gibt, kommt auch Gutes zurück. Und so bin ich dankbar für all das, was ich bis jetzt in meinem Leben erfahren durfte." **Manfred Görg**

Dieses Kochbuch widmet sich voll und ganz dem Genuss – dem Genuss mit Kokosnuss. Dabei blickt es aber auch hinter die Kulissen. Wo kommen die Dr. Goerg Kokosnüsse her, was steckt alles in ihnen, wie werden sie verarbeitet, wie kommen sie den Bewohnern ihres Ursprungslandes zugute …? Ich möchte Ihnen die erntefrischen Produkte aus diesem tropischen Schatz ans Herz legen, damit Sie ihre positiven Eigenschaften genauso zu schätzen wissen, wie wir es tun. Denn es steckt so viel Gutes in der Kokosnuss, und geht man mit ihr schonend und respektvoll um, dann entstehen wunderbare Produkte, die nicht nur die Ernährung bereichern, sondern auch über die Küche hinaus wirken. Lassen Sie sich anstecken und verzaubern. Es liegt mir besonders am Herzen, dass ich die Seele unserer Kunden mit meinen erntefrischen Dr. Goerg Premium Bio-Kokosnussprodukten berühre.

Ihr

Manfred Görg

„Wir brauchen keine Manager, wir brauchen Menschen!“ Manfred Görg

Ganz nach dem Motto „Wir lieben, was wir tun!“ setzt sich Dr. Goerg unermüdlich für die Qualität seiner Produkte, die Nachhaltigkeit des ökologischen Anbaus, die schonende Herstellung sowie für die soziale Absicherung seiner Kokosöl-Familien ein.

Das Unternehmen steht mit Herz und Seele hinter dem, was es tut. Es gibt keine Kompromisse, kein Wenn und Aber. Natur, Menschen und Qualität stehen ganz klar vor dem Profit. Die gesamte Zusammenarbeit mit Erzeugern, Lieferanten und Kunden ist von Fairness, Transparenz und Respekt geprägt.

Darüber hinaus engagiert sich Dr. Goerg ehrenamtlich mit dem eigenen „Fair Trade for Fair Life“ für verschiedene Hilfsprojekte – direkt vor Ort, von Mensch zu Mensch, durch Hilfe zur Selbsthilfe –, denn: „Wir kaufen kein Fair Trade – wir leben Fair Trade“, so Manfred Görg. Da Dr. Goerg mehrere Wochen im Jahr auf den Philippinen direkt vor Ort ist und in engstem Kontakt mit den Menschen steht, hat sich ein großes Verständnis für die Mentalität und Kultur der Bevölkerung entwickelt. Eine Selbstverständlichkeit für Dr. Goerg.

FAIR TRADE
FOR FAIR LIFE

„100 % fair, 100 % ehrlich,
100 % nachhaltig!“

SUPPEN & SALATE

SNACKS & KLEINIGKEITEN

LEICHTE GERICHTE & SATTMACHER

SÜSSE DESSERTS

KUCHEN & GEBÄCK

COCKTAILS & DRINKS

100% lecker
100% vegan!

Marcus Schall

Jan-Philipp Cleusters

Kristin Knufmann

Kokos-experten empfehlen Dr. Goerg

Laura Schneider

Rüdiger Dahlke

Rosalie Wolff

Bruce

Andreas Kaden

stin P. Moore

Claudelle Deckert

Ben Urbanke

Die erntefrischen Premium Bio-Kokosnussprodukte von Dr. Goerg sind in aller Munde und erfreuen sich auch bei den Experten großer Beliebtheit. Vom Extremsportler bis zum Online-Shop-Gründer. Vom Spitzenkoch bis zum Arzt. Die positiven Eigenschaften und die vielseitige Verwendbarkeit von Kokosöl und Co. überzeugen. Das erfüllt Dr. Goerg mit großem Stolz – die Menschen, ob Schauspieler oder Hobbykoch, zu begeistern und ihre Ernährung zu bereichern. Gerade in der veganen Ernährung bieten die Kokosnussprodukte viele Möglichkeiten, tierische Produkte schmackhaft zu ersetzen. Entdecken Sie die Lieblingsrezepte und -produkte der Experten und lassen auch Sie sich begeistern.

ristian Opitz

Manfred Görg

Jessica Weber

Jan-Philipp Cleusters – der junge TV-Koch gilt zu Recht als Shootingstar der Kochszene. Geboren im Münsterland, ist er schon bald gern gesehener Gast in diversen TV-Kochshows wie der „ZDF Küchenschlacht“, wo er schon berühmte Köche wie Linster, Lafer & Co. von seinem Können überzeugen konnte. Das Zeug zum Spitzenkoch brachte er von Natur aus mit: viel Fleiß, Mut, Leidenschaft und Fingerspitzengefühl. All diese Talente konnte er während seiner Lehre bei Zwei-Sterne-Koch Johannes King auf Sylt sowie seiner Arbeit im Hamburger Sterne-Restaurant Le Canard perfektionieren. Heute ist der junge Spitzenkoch einer der gefragtesten TV-Köche Deutschlands und begeistert sein Publikum nicht nur mit seinen Entertainerqualitäten, sondern vor allem mit unkonventionellen Gerichten seiner modernen Lifestyle-Küche.

„Hochwertige Zutaten, innovative Ideen und Leidenschaft für das, was man tut – das ist mein Rezept für ein außergewöhnliches Geschmackserlebnis.“ Jan-Philipp Cleusters

DAS DR. GOERG KOKOSKOCHBUCH – mit TV-Koch Jan-Philipp Cleusters

Kokos ist aus meiner Küche nicht mehr wegzudenken. Klar, dass ich hier genauso sehr auf Qualität achte wie bei meinen anderen Zutaten auch. Deswegen setze ich schon lange auf die Premium Kokosprodukte von Dr. Goerg. Die Zusammenarbeit für dieses Kochbuch hat meine positive Meinung über die Produktlinie noch mehr bestärkt: Dr. Goerg steht nicht nur für erntefrische Kokosnüsse und höchste Ansprüche, sondern für Freude an dem, was man tut, für Nachhaltigkeit und faire Handelsbedingungen. Das alles ist mir nicht nur als Koch, sondern auch als Mensch sehr wichtig. Qualität schmeckt eben am besten – noch besser schmeckt sie nur gepaart mit einem guten Gewissen. Probieren Sie doch selbst!

Ihr

Jan-Philipp Cleusters

SUPPEN & SALATE

So vielseitig wie die folgenden Rezepte, so vielseitig sind auch die Dr. Goerg Premium Bio-Kokosnussprodukte. Ob zart-cremige Dr. Goerg Bio-Kokosmilch oder knusprig-süße Bio-Kokos-Chips. Sie verfeinern heiße Suppen genauso wie kalte Salate. Auch vor Rohkost machen sie nicht Halt. Eines haben sie trotz ihrer Vielfältigkeit aber gemeinsam – mit ihnen zaubert man vegane Köstlichkeiten, auf die sich die ganze Familie freut!

„Als i-Tüpfelchen einfach ein paar Dr. Goerg Kokosflakes über die angerichtete Suppe streuen.“

Tomaten-Kokos-Suppe
mit Thai-Basilikum

150 g Bio-Kirschtomaten

1 Bio-Schalotte

2 Bio-Thai-Basilikum-Stiele

2 EL Dr. Goerg Bio-Kokosöl

1/2 Bio-Knoblauchzehe

150 ml Dr. Goerg Bio-Kokosmilch

250 ml Bio-Gemüsefond

1 EL Bio-Tomatenmark

Etwas Meersalz und Pfeffer

1 TL Dr. Goerg Bio-Kokosblüten-sirup

Rezept für 2 Personen: **Zubereitungszeit: 25 Min.**

Die Kirschtomaten waschen, mit Küchenpapier trocken tupfen, falls notwendig von den Rispen befreien und halbieren. Schalotte und Knoblauchzehe schälen und beide Bestandteile sehr fein würfeln. Einen mittelgroßen Topf mit Dr. Goerg Kokosöl erhitzen und beides darin wenige Minuten lang andünsten. Anschließend das Tomatenmark hinzugeben und kurz mitrösten. Jetzt die Kirschtomaten zugeben und den Suppenansatz mit Dr. Goerg Kokosblütensirup goldgelb karamellisieren. Anschließend mit Dr. Goerg Kokosmilch und Gemüsefond aufgießen und den Suppenansatz einmal aufkochen und bei geringer Hitze etwa 10 Min. lang köcheln lassen.

Die Suppe mit dem Pürierstab fein mixen und erneut aufkochen. Mit Meersalz und Pfeffer würzen. Das Basilikum waschen, trocken schütteln und die Blätter vom Stiel lösen. Die Suppe mit dem Pürierstab aufschäumen, in Schalen oder tiefen Tellern anrichten und mit Basilikumblättern garnieren.

„Ein Spritzer Zitronensaf
und wenige Chilifäden
runden dieses einmalige
Geschmackserlebnis ab.“

Kürbis-Kokos-Suppe
mit Zitronengras

Rezept für 2 Personen: 200 ml Dr. Goerg Bio-Kokosmilch, 2 EL Dr. Goerg Bio-Kokosöl, 2 EL Dr. Goerg Bio-Kokos-Chips, 200 g Bio-Hokkaidokürbis, 2 Bio-Schalotten, 1 Stiel Bio-Zitronengras, 100 ml Bio-Gemüsefond, etwas Meersalz, etwas Pfeffer, etwas Muskat, etwas Bio-Kürbiskernöl **Zubereitungszeit: 10 Min.**

Für die Kürbissuppe den Hokkaidokürbis waschen, vierteln und entkernen. Die Viertel in walnussgroße Stücke schneiden. Die Schalotten schälen, halbieren und in grobe Streifen schneiden. Die Schalotten in einem mittelgroßen Topf in etwas Dr. Goerg Kokosöl wenige Minuten farblos anschwitzen, anschließend den Kürbis hinzugeben und kurz mitrösten. Mit Meersalz, Pfeffer und Muskat würzen. Den Suppenansatz mit Dr. Goerg Kokosmilch und Gemüsefond aufgießen und im geschlossenen Topf bei milder Hitze etwa 20 Min. köcheln lassen.

Nach 10 Min. das am Stielende angedrückte Zitronengras beigeben und für weitere 10 Min. mitköcheln lassen. Nun die Kürbissuppe vom Zitronengras befreien, mit einem Pürierstab fein pürieren und nach Belieben nochmal durch ein Sieb gießen. Die Kürbis-Kokos-Suppe mit etwas Kürbiskernöl und den grob gehackten Dr. Goerg Kokos-Chips verfeinern.

Kokos-Safran-Suppe
mit Paprika

2 Bio-Schalotten

Je 1 kleine gelbe und rote Bio-Paprikaschote

2 EL Dr. Goerg Bio-Kokosöl

2 TL Dr. Goerg Bio-Kokosblüten-sirup

100 ml Dr. Goerg Bio-Kokosmilch

2 EL Dr. Goerg Bio-Kokosmus

1 TL Safranfäden

250 ml Bio-Gemüsefond

1 Bio-Zucchini

Etwas Meersalz und Pfeffer

Saft einer 1/2 Bio-Zitrone

Rezept für 2 Personen: **Zubereitungszeit: 30 Min.**

Zunächst die Schalotten schälen, halbieren und in sehr feine Würfel schneiden und beiseitestellen. Paprikaschoten halbieren, putzen, waschen und die Hälfte in walnussgroße Stücke schneiden, ebenfalls beiseitestellen. Einen mittelgroßen Topf mit 2 EL Dr. Goerg Kokosöl erhitzen und beide Bestandteile darin bei geringer Hitze etwa 2 Min. dünsten. Den Ansatz mit Dr. Goerg Kokosblütensirup karamellisieren, danach mit Dr. Goerg Kokosmilch und Gemüsefond aufgießen sowie Dr. Goerg Kokosmus und Safranfäden zugeben. Den Suppenansatz einmal aufkochen und anschließend bei mittlerer Hitze etwa 15–20 Min. köcheln lassen.

Paprikaschoten und Zucchini putzen, waschen und beides in feine, mundgerechte Streifen schneiden. Eine mittelgroße Pfanne mit dem restlichen Dr. Goerg Kokosöl erhitzen und das Gemüse darin bei hoher Temperatur kurz scharf anbraten, anschließend bei geringer Hitze etwa 4–5 Min. knackig garen. Dabei das Gemüse mit Meersalz und Pfeffer würzen sowie mit ein wenig Zitronensaft abschmecken. Nun die Suppe mit einem Pürierstab fein pürieren und ebenfalls mit Meersalz und Pfeffer würzen. Die Suppe in Schalen oder tiefen Tellern anrichten und das Gemüse darauf mittig platzieren.

„Etwas Kresse vor dem Servieren über die Suppe gestreut – ein schönes Detail.“

Jessica Weber

Gourmet-Köchin für ausgefallene Kokosrezepte

»Die Premium Bio-Kokosnussprodukte von Dr. Goerg sind einfach klasse! Besonders das Kokosöl hat es mir angetan. Es ist unglaublich variabel in der Anwendung – alles kann man damit anbraten und der Hauch Kokos verleiht jedem Gericht eine ganz besondere Note. Man fühlt sich gleich wie im Urlaub auf einer paradiesischen Insel. Aber nicht nur die Produkte sind spitze, sondern auch die Art und Weise, wie Manfred Görg – ein ehrlicher und großherziger Mensch – mit seinen Mitmenschen und der Umwelt umgeht – dafür schätze ich ihn sehr.«

Jessica Webers Lieblingsrezept: die Erbsensuppe mit frischer Minze

Jessica Weber – die junge, kreative Köchin, die bereits seit 2012 die hochwertige Küche bei ASA Selection in Höhr-Grenzhausen leitet und regelmäßig Kochkurse gibt. Ihre berufliche Karriere begann 2007 im Restaurant „Die Traube“ in Vallendar, in der sie ihre Ausbildung 2010 erfolgreich abschloss. Im „Chiaro“, dem von Claudio Filippone geführten Restaurant in Kobern-Gondorf, konnte sie ihre Fähigkeiten als Garde Manager und in der Patisserie weiter ausbauen. Im „Hotel Stein & Schillers Restaurant“ in Koblenz arbeitete sie als Tournant, in dieser Position lernte sie alle Posten einer Küche zu beherrschen. Ihre Leidenschaft ist jedoch die Patisserie geblieben. Bereits zwei Mal nahm sie beim „Cru-de-Cao-Award“ teil.

Die Verarbeitung der erntefrischen Bio-Kokosnüsse beginnt schon im Dschungel.

Die Kokosnüsse werden von der dicken, grünen Schale befreit. Das Innere ist noch ganz hell und nicht braun, wie man es hierzulande kennt. Nur so sehen erntefrische Kokosnüsse aus! Die Milch aus drei dieser Kokosnüsse landet dann zum Beispiel in der Kokosmilch-Dose aus Jessica Webers Rezept.

„Ein paar Chilifäden und angeröstete Dr. Goerg Kokosflakes sorgen für einen farblichen Akzent.“

Erbsensuppe
mit frischer Minze

Rezept für 2 Personen:

250 ml Dr. Goerg Bio-Kokosmilch

2 EL Dr. Goerg Bio-Kokosöl

1 gestr. TL Dr. Goerg Moringa Oleifera

250 ml Bio-Gemüsefond

200 g Bio-TK-Erbsen

100 g Bio-Karotten

100 g Bio-Kürbis

1 Bio-Gemüsezwiebel

2 Zweige frische Bio-Minze

1 EL Dijonsenf

twas Meersalz, Pfeffer

Zubereitungszeit: 30 Min.

Für den Suppenansatz die Karotten und den Kürbis waschen und beides schälen. Die Karotten in walnussgroße Würfel schneiden. Den Kürbis vierteln und ebenfalls in dieselbe Größe schneiden. Die Zwiebel schälen, halbieren und in grobe Streifen schneiden. Anschließend einen mittelgroßen Topf mit Dr. Goerg Kokosöl erhitzen und die Zwiebel darin bei mittlerer Hitze farblos anschwitzen. Nach und nach das andere Gemüse bis auf die Erbsen zugeben und mitrösten. Den Suppenansatz mit Meersalz und Pfeffer würzen. Anschließend mit Dr. Goerg Kokosmilch und Gemüsefond aufgießen und im geschlossenen Topf bei milder Hitze etwa 20 Min. lang köcheln lassen. Bereits nach 10 Min. Kochzeit die Erbsen hinzugeben und weitere 8–10 Min. bei geringer Hitze mitköcheln lassen. Die Minze waschen, mit Küchenpapier trocken tupfen und die Blätter von den Stielen befreien und in sehr feine Streifen schneiden. Jetzt die Erbsensuppe mit Dr. Goerg Moringa-Pulver und Dijonsenf verfeinern und mit einem Pürierstab fein pürieren. In zwei Schalen anrichten, mit Minze garnieren.

Tipp: Die Suppe mit Schaum verfeinern, dazu etwas Suppe in ein hohes Mixbehältnis füllen und mit einem Pürierstab auf höchster Stufe aufschäumen, dabei den Pürierstab in der Suppe permanent hoch- und runterfahren, bis ein feinporiger Schaum entsteht.

Mango-Cappuccino
mit Limette

Rezept für 2 Personen:

150 ml Dr. Goerg Bio-Kokosmilch

1 EL Dr. Goerg Bio-Kokosöl

2 EL Dr. Goerg Bio-Kokosblütensirup

250 ml Bio-Gemüsefond

200 g Bio-Möhren

1 kleine Bio-Mango

1 Bio-Schalotte

1 Bio-Knoblauchzehe

1 Stück frischer Bio-Ingwer

1 Bio-Limette

2 Bio-Kaffir-Limettenblätter

Etwas Meersalz, Tabascosauce

Zubereitungszeit: 20 Min.

Zuerst Möhren, Schalotte, Knoblauch und Ingwer schälen und alles in Stücke schneiden. Dabei die Schalotte und den Knoblauch sehr fein würfeln. Dr. Goerg Kokosöl in einem mittelgroßen Topf erhitzen und alles darin bei mittlerer Hitze etwa 5 Min. anbraten. Den Suppenansatz mit Gemüsefond aufgießen und zugedeckt etwa 20–25 Min. lang köcheln lassen.

Inzwischen die Limettenblätter waschen, trocken tupfen und quer in feine Streifen schneiden. In einem weiteren Topf die Dr. Goerg Kokosmilch mit den Limettenblättern einmal aufkochen und anschließend zugedeckt auf der ausgeschalteten Herdplatte etwa 25 Min. lang ziehen lassen.

Die Mango schälen sowie das Fruchtfleisch seitlich des Steines abschneiden und in ca. 1/2 cm x 1/2 cm große Würfel schneiden. Die Hälfte der Würfel zu der Suppe geben und diese mit einem Pürierstab fein mixen. Die Limette heiß abwaschen, mit Küchenpapier trocken tupfen und die grüne Schale fein abreiben sowie den Saft auspressen. Die Suppe mit Limettensaft, Tabasco, Dr. Goerg Kokosblütensirup und Meersalz pikant abschmecken. Die restlichen Mangowürfel auf die Cappuccino-Tassen verteilen und mit der heißen Suppe aufgießen.

„Ein paar knusprig-
süße Dr. Goerg Kokos-Chips sorgen
für einen leckeren Crunch!“

Der wahre Schatz aus der Kokosnuss.

Was macht das Kokosöl so wertvoll?

In Asien gilt Kokosöl bereits seit Jahrhunderten als wichtige Nahrungs- und Schönheitsquelle. Natives Bio-Kokosöl ist ein echtes Allround-Talent sowohl in der Küche als auch bei der Körperpflege und es tut viel für das eigene Wohlbefinden, denn es enthält eine Vielzahl hochwirksamer Inhaltsstoffe, von denen viele auch nach dem Kochen noch erhalten bleiben. Dabei leistet es einen Beitrag zur bewussten Ernährung. Kokosöl besteht zu großen Teilen aus gesättigten, mittelkettigen Fettsäuren – eine schnelle und leicht verfügbare Energiequelle, die gut vom Körper aufgenommen werden kann.

Hochwertiges Kokosöl wird aus frischen Kokosnüssen von Palmen aus nachhaltigem und biologischem Anbau hergestellt. Bei Dr. Goerg werden dann nur die erntefrischen Kokosnüsse innerhalb von 72 Stunden nach der Ernte schonend verarbeitet (Dr. Goerg Erntefrische-Garantie). So bleiben alle wertvollen Inhaltsstoffe, wie zum Beispiel die wertvolle Laurinsäure – bei Dr. Goerg sind es bis zu 59,42 % –, erhalten. Echtes Premium Kokosöl wird in 1. Kaltpressung aus erntefrischem Fruchtfleisch hergestellt und enthält keinerlei Zusätze, ist zu 100 % naturbelassen und wurde nicht über 40 °C erhitzt. Somit ist es 100 % echte Rohkostqualität. Nur so kann es seine zahlreichen positiven Eigenschaften voll entfalten. Hochwertiges Kokosöl kann bedenkenlos roh verzehrt werden, zum Beispiel als Butterersatz, Brotaufstrich oder im Salatdressing.

Das Dr. Goerg Premium Bio-Kokosöl ist nicht mit billigem, aus Zentrifugentechnik stammendem Kokosöl zu vergleichen.

Der wichtigste Rohstoff – erntefrische, grüne Bio-Kokosnüsse aus nachhaltiger Mischkultur.

Kokosöl – ein natürlicher Alleskönner!

Ein Geschenk für die gesunde Ernährung und naturbelassene Pflege.

Das erntefrische Dr. Goerg Premium Bio-Kokosöl hat einen Laurinsäuregehalt von bis zu 59,42 %. Dadurch wirkt es antibakteriell und kann das Immunsystem stärken und Viren, Pilze und Bakterien bezwingen (Laurinsäure befindet sich übrigens auch in Muttermilch).

Zahlreichen Studien zufolge ist Kokosöl durch diesen hohen Anteil an Laurinsäure ebenfalls in der Lage, das „gute" HDL-Cholesterin ansteigen zu lassen. So trägt es seinen Teil dazu bei, Herz-Kreislauf-Erkrankungen vorzubeugen.

Kokosölfreunde schwören auf die Wirkung des Kokosöls auf die Figur. Da die mittelkettig gesättigten Fettsäuren vom Körper bevorzugt direkt in Energie umgewandelt und nicht als Fettdepots eingelagert werden – demnach kurbelt es den Stoffwechsel an und macht fit.

Aus eigener Erfahrung weiß Dr. Goerg, dass Kokosöl bei der Pflege von Haut und Haar ein echter Gewinn ist. Es legt sich wie ein Schutzfilm auf die Haut, zieht schnell ein, ohne fettig zu wirken, und spendet viel Feuchtigkeit. Das Haar wird geschmeidig und glänzend. Das naturbelassene, erntefrische Premium Bio-Kokosöl kann auch auf Schürf- oder Schnittverletzungen aufgetragen werden, um den Heilungsprozess zu beschleunigen, und soll sogar der Hautalterung entgegenwirken – ein echter Geheimtipp!

Auch für die natürliche Pflege von Katze, Hund, Pferd und Co. eignet sich das Kokosöl. Es pflegt nicht nur das Fell der Vierbeiner, sondern schützt sie auch vor Zecken, Kriebelmücken, Herbstmilben und Co.

Wildkräutersalat
und Matcha-Dressing

Rezept für 2 Personen: 2 EL Dr. Goerg Bio-Kokos-Chips, 1 TL Dr. Goerg Bio-Kokosblütensirup, 200 g Bio-Wildkräuter (Brennnessel, Brunnenkresse, Giersch, Löwenzahn, Sauerampfer, Wiesenkümmel, Sauerklee, Scharbockskraut), 1/2 Bio-Granatapfel, je 1 EL Bio-Koriandersaat und Bio-Sesamsaat, 40 g Bio-Blaubeeren, 1/2 TL Meersalz (jodiert), schwarzer Pfeffer, 1 TL Senf, 3 EL Dr. Goerg Bio-Olivenöl, 1 gestr. TL Matcha-Pulver, 1 TL Dr. Goerg Bio-Kokosmus, 2 EL Limettensaft (ca. 1/2 Bio-Limette) **Zubereitungszeit: 25 Min.**

Die Wildkräuter vorsichtig waschen, anschließend trocken schleudern.

Für das Dressing: Dr. Goerg Olivenöl, Senf, Dr. Goerg Kokosblütensirup, Matcha-Pulver, Dr. Goerg Kokosmus und etwas Limettensaft miteinander vermengen und mit Salz und Pfeffer abschmecken. Den Granatapfel aufbrechen und von den Kernen befreien. Eine Pfanne ohne Öl erhitzen, darin die Koriander- und Sesamsaat bei geringer Hitze leicht anrösten, bis sie zu springen beginnt.

Das Dressing unter den Salat heben, Dr. Goerg Kokos-Chips, geröstete Koriander- und Sesamsaat und Senf zugeben. Die Granatapfelkerne akzentweise auf dem Salat anrichten. Die Blaubeeren waschen, mit Küchenpapier trocken tupfen, leicht zerstampfen und auch auf den Salat geben.

Zucchini-Carpaccio
mit Minze

1 Bund Bio-Minze

1 Bio-Frühlingszwiebel

1/2 Bio-Knoblauchzehe

1 EL Dr. Goerg Bio-Kokosblütensirup

2 EL Bio-Rapsöl

Etwas Meersalz, Pfeffer

1 TL Bio-Apfelessig

3 EL Bio-Pinienkerne

2 kleine Bio-Zucchini

2 EL Dr. Goerg Bio-Kokos-Chips

Rezept für 2 Personen: **Zubereitungszeit: 15 Min.**

Die Minze abbrausen, mit Küchenpapier trocken tupfen und die Blättchen vom Stiel abzupfen. Die Frühlingszwiebel waschen, ebenfalls putzen und das dunkle Grün abschneiden. Den Rest grob hacken. Den Knoblauch schälen und ebenfalls grob hacken. Die Minze zusammen mit der Frühlingszwiebel, dem Knoblauch, dem Rapsöl, dem Dr. Goerg Kokosblütensirup und dem Apfelessig mit einem Pürierstab zu einem cremigen Dressing mixen. Das Dressing mit Meersalz und Pfeffer würzen. Die Zucchini waschen, mit Küchenpapier trocken tupfen, von den Enden befreien und der Länge nach in sehr feine Scheiben hobeln oder schneiden. Eine kleine Pfanne ohne Zugabe von Fett erhitzen und darin die Pinienkerne bei mittlerer Hitze kurz rundum goldbraun anrösten. Jetzt die Zucchinischeiben auf Tellern auslegen, das Dressing mit einem Pinsel oder Esslöffel darüberträufeln. Die Blüten darauf anrichten. Das Carpaccio mit Dr. Goerg Kokos-Chips und Pinienkernen verfeinern.

„Kleine essbare Blüten machen das Carpaccio ebenfalls zu einem Hingucker!“

Vietnamesischer Papayasalat
mit Sesamöl

Rezept für 2 Personen:

2 EL Dr. Goerg Bio-Kokosblütensirup

2 EL Dr. Goerg Bio-Kokos-Chips

1 kleine Bio-Papaya

1 Bio-Möhre

1 Bio-Limette (Schale)

5 Stiele Koriander

2 EL Erdnüsse natural

2 1/2 EL Sesamöl

1 Bio-Knoblauchzehe

1 kleine Bio-Chilischote

Etwas Meersalz

Zubereitungszeit: 15 Min.

Die Papaya mit dem Sparschäler schälen, von den Enden befreien sowie der Länge nach halbieren und die Kerne im Inneren mit einem Löffel vorsichtig auslösen. Die Papaya der Länge nach hauchdünn hobeln oder schneiden. Probieren Sie es mit dem Sparschäler, dieser erzeugt hauchdünne Scheiben. Die Möhre waschen, schälen, von den Enden befreien und mit der Küchenreibe fein raspeln. Das Koriandergrün waschen, mit Küchenpapier trocken tupfen und die Blättchen von den Stielen befreien.

Eine Pfanne ohne Zugabe von Fett erhitzen und darin die Erdnüsse bei mittlerer Hitze kurz rundum goldbraun rösten. Anschließend die Erdnüsse kurz abkühlen lassen und grob hacken. Die Knoblauchzehe schälen und sehr fein hacken. Die Chilischote waschen, mit Küchenpapier trocken tupfen, der Länge nach halbieren und von den Kernen befreien. Ebenfalls sehr fein hacken. Knoblauch und Chili in einer Schüssel mit Dr. Goerg Kokosblütensirup und etwas Sesamöl verrühren. Die Limette unter heißem Wasser abspülen, mit Küchenpapier trocken tupfen und die grüne Schale mithilfe eines Zestenreißers abreißen und dem Dressing zufügen. Das Dressing mit Meersalz würzen. Die Papaya auf tiefe Teller verteilen und darauf die Möhren dekorativ anrichten. Das Dressing mit einem Pinsel oder Esslöffel darüberträufeln, den Salat mit Korianderblättchen, Dr. Goerg Kokos-Chips und Erdnüssen verfeinern.

Rosalie Wolff

Gründerin veganer Online-Shops, Schauspielerin und Kokosliebhaberin

»Die Dr. Goerg Produkte mag ich unglaublich gerne. Ganz besonders mag ich das Kokosöl, das nicht nur zum Kochen geeignet ist, sondern sich auch toll für die Hautpflege eignet. Auch ein Favorit von mir: der Kokosblütenzucker. Als gesunde Alternative kommt er bei uns oft zum Einsatz.«

Rosalie Wolffs Lieblingsrezept: der lauwarme Blumenkohlsalat mit Kokosblütensirup und Minze

Rosalie Wolff ist eine Pionierin der veganen Bewegung. Sie gründete bereits vor 14 Jahren „smilefood", einen veganen Online-Shop, damals noch in ihrem Kinderzimmer. Heute gehört zum Unternehmen noch die Marke „Veggy Friends" und ein Online-Shop für vegane Designer-Taschen, „Le Shop Vegan". Ausgleich findet Rosalie Wolff in der Schauspielerei, sie spielte schon in einigen kleinen und auch großen TV-Produktionen. Privat und auch beruflich setzt sich die 36-Jährige aktiv für Tierrechte und Tierschutz ein.

Der Rohstoff für den süßen Kokosblütenzucker und -sirup: der Nektar der Kokosblüte.

Die Kokosblüte wird bei Dr. Goerg ganz traditionell direkt hoch oben in der Palme verschnürt und angeschnitten. Der Nektar wird aufgefangen, zweimal täglich geerntet und direkt zu Kokosblütensirup und -zucker verarbeitet. Der Kokosblütensirup verfeinert auch Rosalie Wolffs Lieblingsrezept!

Lauwarmer Blumenkohlsalat
mit Kokosblütensirup und Minze

Rezept für 2 Personen:

100 ml Dr. Goerg Bio-Kokosmilch

2 EL Dr. Goerg Bio-Kokosöl

4 EL Dr. Goerg Bio-Kokosblütensirup

1/2 Bio-Blumenkohl

1 gelbe Bio-Paprikaschote

6 Bio-Cherrytomaten

1 Stiel Bio-Minze

1 Bio-Orange

Etwas Meersalz, Pfeffer

Zubereitungszeit: 25 Min.

Den Blumenkohl waschen, putzen und in winzige Röschen zerteilen. Die Paprikaschote putzen, waschen und in sehr feine Würfel schneiden. Die Tomaten waschen, halbieren und die Stielansätze herausschneiden. Die Kerne der Tomaten entfernen und die Tomatenfilets ebenfalls sehr fein würfeln. Die Minze waschen, mit Küchenpapier trocken tupfen sowie die Blätter vom Stielansatz befreien. Die Miniblätter grob schneiden. Die Orange unter fließend heißem Wasser abspülen und mit einem Tuch trocken reiben. Die orangene Schale einer 1/2 Orange abreiben, ohne dabei die weiße Unterhaut zu beschädigen, sowie den Saft einer 1/2 Orange in eine Schüssel auspressen.

Nun eine mittelgroße Pfanne mit Dr. Goerg Kokosöl erhitzen und den Blumenkohl darin bei mittlerer Hitze wenige Minuten rundum scharf anbraten. Anschließend die Paprika- und Tomatenwürfel hinzugeben und weitere 3 Min. mitbraten. Das Gemüse mit Dr. Goerg Kokosblütensirup kurz karamellisieren lassen, danach den Abrieb und Saft einer 1/2 Orange zugeben und das ganze mit Dr. Goerg Kokosmilch ablöschen. Mit Meersalz und Pfeffer würzen. Den Blumenkohlsalat ca. 2–3 Min. einkochen lassen, bis die Flüssigkeit eine schöne Bindung angenommen hat. Den lauwarmen Blumenkohlsalat in einem Ring mittig des Tellers anrichten und mit Minze garnieren.

PREMIUM BIO-KOKOSBLÜTENSIRUP VON DR. GOERG – der Kokosblütennektar für die tägliche Herstellung des Sirups wird direkt in den Palmen von den Kokosblüten abgezapft. Er hat einen glykämischen Index von 35. Ideal zum Süßen und Verfeinern von heißen und kalten Getränken und Speisen.

Rote-Beete-Carpaccio
mit Kokos-Chips

300 g vorgegarte Bio-Rote Beete

1 würfelgroßes Stück frischer Bio-Ingwer

1 EL Dr. Goerg Bio-Kokosblüten-sirup

2 EL Bio-Haselnussöl

4 EL Bio-Apfel-Balsamicoessig

Etwas Meersalz, Pfeffer

1 Bio-Baby-ananas

1/2 kleiner Bio-Granatapfel

2 EL Dr. Goerg Bio-Kokos-Chips

Rezept für 2 Personen: **Zubereitungszeit: 15 Min.**

Die Rote Beete in einem Sieb abtropfen lassen und gleich in hauchdünne Scheiben hobeln oder schneiden. Den Ingwer schälen und 1 EL fein reiben.

Für das Dressing: Apfel-Balsamicoessig, Dr. Goerg Kokosblütensirup, Ingwer und Haselnussöl in einem Behältnis zusammenmixen und mit Meersalz und Pfeffer würzen. Die Rote-Beete-Scheiben mit dem Dressing marinieren und abgedeckt beiseitestellen.

Die Babyananas schälen, sodass auch die braunen Augen vollständig entfernt sind, anschließend vierteln und den Strunk entfernen. Die Fruchtfilets in etwa 1 cm x 1 cm große Würfel schneiden und abgedeckt beiseitestellen. Den Granatapfel halbieren und die Kerne eines 1/2 Granatapfels auslösen. Zusammen mit den Ananaswürfeln in einer Schüssel miteinander vermengen und unter die Rote-Beete-Scheiben heben. Den Salat auf Tellern voluminös anrichten und mit Dr. Goerg Kokos-Chips garnieren.

Möhren-Orangen-Salat
mit Kokos-Chips

Rezept für 2 Personen:

2 EL Dr. Goerg Bio-Kokosflakes

200 g Bio-Möhren

1 Bio-Orange

1/2 kleiner Bio-Granatapfel

2 Stiele frische Bio-Minze

1 kleine rote Bio-Chilischote

2 EL Dr. Goerg Bio-Olivenöl

1 EL Sherryessig

1/2 TL Ras el Hanout

Etwas Meersalz, Pfeffer

Zubereitungszeit: 15 Min.

Als Erstes die Möhren putzen, schälen und grob raspeln. Die Orange ebenfalls schälen, dabei die Schale großzügig abschneiden, sodass auch die weiße Unterschale vollständig entfernt ist. Die Orangenfilets vorsichtig auslösen. Den überschüssigen Saft in eine Schüssel auspressen und beiseitestellen. Den Granatapfel quer halbieren und die Kerne mithilfe eines Teelöffels vorsichtig auslösen. Chilischote putzen, waschen und in sehr feine Ringe schneiden. Dr. Goerg Kokosflakes in einer Pfanne ohne Zugabe von Fett bei mittlerer Hitze kurz rundum rösten, bis sie eine gleichmäßige Bräune angenommen haben.

Für das Dressing: Sherryessig, Dr. Goerg Olivenöl, Ras el Hanout und Orangensaft in einem Behältnis mixen. Anschließend mit Meersalz und Pfeffer würzen. Möhrenraspel, Orangenfilets, Granatapfelkerne und Chili in einer Schüssel miteinander vermengen. Das Dressing untermischen und den Möhren-Orangen-Salat etwa 10 Min. ziehen lassen. In der Zwischenzeit die Minze waschen, mit Küchenpapier trocken tupfen, die Blätter von den Stielen lösen und anschließend in sehr feine Streifen schneiden. Kurz vor dem Servieren Minze und die zuvor gerösteten Dr. Goerg Kokosflakes unter den Salat mischen und in Schüsseln oder kleinen tiefen Tellern servieren.

PREMIUM BIO-KOKOS-CHIPS VON DR. GOERG – werden aus dem erntefrischen Fruchtfleisch der Bio-Kokosnuss innerhalb von 72 Stunden nach der Ernte hergestellt und sorgfältig mit Dr. Goerg Premium Bio-Kokosblütenzucker karamellisiert. Ideal für Desserts und Müsli, Salate, Fingerfood und zum Verfeinern von Gebäck und Kuchen.

„Extra knusprig-
fruchtig-frisch.“

SNACKS & KLEINIGKEITEN

An sich sind Dr. Goerg Premium Bio-Kokosmus, Kokosflakes und Kokos-Chips schon leckere Snacks für zwischendurch. Da liegt es nahe, dass sie in verschiedenen leckeren Kombinationen, mit Gemüse, Obst und Co. auch hervorragend den kleinen Hunger besänftigen. Einfach und schnell zubereitet, vegan und unschlagbar köstlich!

Wirsingstreifen
mit Kokosmilch

1/2 Bio-Wirsing (ca. 300 g)

1 Bio-Knoblauchzehe

1 Bio-Gemüse-zwiebel

1 kleine Bio-Chilischote

2 EL Dr. Goerg Bio-Kokosöl

200 ml Dr. Goerg Bio-Kokosmilch

1/2 Bio-Zitrone

Etwas Meersalz, Pfeffer

30 g Dr. Goerg Bio-Kokosraspel

Rezept für 2 Personen: **Zubereitungszeit: 15 Min.**

Den Wirsing putzen, von den äußeren Blättern befreien, vierteln und gründlich waschen. Die Viertel quer in fingerbreite Streifen schneiden und dabei den Strunk entfernen. Zwiebel und Knoblauch schälen und beides sehr fein würfeln. Die Chilischote putzen, entkernen, waschen und quer in sehr feine Streifen schneiden. Zitrone unter fließend heißem Wasser abspülen, abtrocknen und die gelbe Schale einer 1/2 Zitrone mit einer Reibe abnehmen, ohne dabei die weiße Unterhaut zu beschädigen.

Einen Wok mit Dr. Goerg Kokosöl erhitzen, Zwiebel, Knoblauch und Chilischote darin bei geringer Hitze kurz farblos anschwitzen. Den Wirsing hinzufügen und unter ständigem Rühren etwa 5 Min. garen. Das Ganze mit Dr. Goerg Kokosmilch ablöschen und die Zitronenschale zugeben. Mit Meersalz und Pfeffer würzen. Die Wirsingstreifen bei mittlerer Hitze unter gelegentlichem Rühren fertig garen, bis der Wirsing weich ist, jedoch noch Biss hat. Nun den Wirsing mit Dr. Goerg Kokosraspel auf tiefen Tellern anrichten und gleich genießen.

Mairübchen de Coco
mit Orangenvinaigrette und Kardamom

Rezept für 2 Personen:

2 EL Dr. Goerg Bio-Kokos-Chips

2 Bio-Mairübchen (ca. 200 g)

1 EL kaltgepresstes Dr. Goerg Bio-Olivenöl

1 Bio-Orange

4 Zweige Bio-Koriander

1/4 TL gemahlenes Kardamom

Etwas Meersalz, Pfeffer

Zubereitungszeit: 25 Min.

Die Mairübchen schälen und in hauchdünne Scheiben schneiden oder hobeln. Die Schale der Orange großzügig abschneiden, sodass auch die weiße Unterschale vollständig entfernt ist. Zum Filetieren der Orange nach und nach jedes Fruchtsegment direkt an den beiden Trennhäuten einschneiden und das Fruchtfilet vorsichtig auslösen. Den dabei austretenden Saft in einer Schüssel auffangen. Die übrige Haut gut ausdrücken und den Saft ebenfalls in der Schüssel auffangen.

Kardamompulver mit 1 EL Orangensaft, etwas Meersalz, Pfeffer und Dr. Goerg Olivenöl zu einem cremigen Dressing mixen. Den Koriander abwaschen, mit Küchenpapier trocken tupfen, die Blätter vom Stiel lösen und sehr fein hacken. Den gehackten Koriander unter das Dressing mischen.

Die Mairübchenscheiben und Orangenfilets zusammen in einer Schüssel mit dem Dressing marinieren und gleichermaßen auf zwei großflächigen Tellern dekorativ anrichten. Mit Dr. Goerg Kokos-Chips garnieren.

„Die Dr. Goerg Kokos-Chips geben diesem Gericht einen besonderen Knack."

Karamellisierte Möhrchen
mit pikanter Kokossauce

Rezept für 2 Personen: 3 EL Dr. Goerg Bio-Kokosmilch, 2 EL Dr. Goerg Bio-Kokosblütensirup, 1 EL Dr. Goerg Bio-Kokosöl, 100 ml Weißwein, 300 g junge, unterschiedlich farbige Bio-Möhren, 100 g Bio-Blattspinat, 1/2 Bund Bio-Rucola, etwas rote und grüne Bio-Shiso-Kresse, 2 EL Cashewkerne, 1 rote Bio-Chilischote, etwas Meersalz, Basilikum für die Garnierung **Zubereitungszeit: 25 Min.**

Als Erstes eine kleine Schüssel mit kaltem Wasser füllen und darin die Cashewkerne etwa 5–6 Std. einweichen. Anschließend die Cashewkerne in ein Sieb gießen sowie das Einweichwasser auffangen. Die Möhren waschen, mit Küchenpapier trocken tupfen, schälen und das obere Drittel des Grüns abschneiden. Den Spinat putzen, waschen und anschließend trocken schleudern. Den Rucola putzen, dann in einer großen Schüssel mit ausreichend kaltem Wasser waschen und ebenfalls trocken schleudern. Shiso-Kresse waschen, mit Küchenpapier trocken tupfen und die Blätter von den Stielen abschneiden. Die Chilischote waschen, der Länge nach halbieren, vom Kerngehäuse befreien und grob hacken. Den Spinat zusammen mit Rucola, Basilikum, Chili, Cashewkerne und Dr. Goerg Kokosmilch in einem Standmixer zu einer cremigen Sauce mixen. Ist die Sauce nicht flüssig genug, geben Sie etwas von dem Cashew-Einweichwasser hinzu und mixen Sie die Sauce erneut.

Eine mittelgroße Pfanne mit Dr. Goerg Kokosöl erhitzen und darin die Möhren bei mittlerer Hitze für wenige Minuten rundum anbraten. Anschließend mit Dr. Goerg Kokosblütensirup karamellisieren und mit etwas Weißwein ablöschen. Die Möhren mit Meersalz würzen. Nun die Möhren auf ovalen Tellern drapieren, mit Shiso-Kresse garnieren und die Spinatsauce separat anrichten.

Dr. Rüdiger Dahlke

Arzt, Autor, Seminarleiter und Kokoskenner

»Die Geschenke aus der Kokosnuss sind mir von vielen Asienaufenthalten lieb und ich empfehle sie im Sinne meines Buches ‚Geheimnis der Lebensenergie'. Mit seinen vollständig gesättigten Fettsäuren ist Kokosöl ideal zum Kochen und Braten. Da es in der Leber energetisch aufwendig verstoffwechselt wird, trägt es obendrein nicht zu Übergewicht bei. Der angenehme Eigengeschmack des Kokosöls ist für mich unverzichtbar für die pflanzlich-vollwertige, frische ‚Peace-Food'-Küche und dient als gute Basis für den oftmals nötigen Ölwechsel. Dr. Goerg gilt mein Dank als Pionier für gute Kokosprodukte in unseren Breiten.«

Dr. Rüdiger Dahlkes Lieblingsrezept:
die Kartoffelspieße mit Kokos-Curry

Dr. Rüdiger Dahlke ist als Seminarleiter und Referent international tätig. Er entwickelte die ganzheitliche Psychosomatik von „Krankheit als Symbol" und bildet in integraler Medizin aus. Seine Bücher gibt es in 28 Sprachen. „Schicksalsgesetze" und „Schattenprinzip" vermitteln die Basis, die „Peace-Food"-Reihe machte den veganen Lebensstil populär. Im Zentrum TamanGa in der Südsteiermark gibt er Fasten-, Atem- und Ausbildungsseminare. Weitere Infos unter: **www.dahlke.at**

Das schont die Umwelt und die Kokosnüsse.

Der Anbau in Mischkultur ist die wohl umweltschonendste Art und Weise, Kokosnusspalmen anzubauen. Dr. Goerg baut ausschließlich in Mischkultur an. Das schont den Boden, da es ihn nicht auslaugt. Zudem erschwert es die Verbreitung von Schädlingen und sorgt dafür, dass die Kleinbauern nicht nur von einer Pflanze abhängig sind. Besonders wichtig ist, dass zu keiner Zeit auch nur 1 m^2 Regenwald gerodet wird oder wurde und keine einzige Palme für die Kokosnussprodukte gefällt wird. Ganz klar, dass auch der Transport der Kokosnüsse aus dem Dschungel bei Dr. Goerg höchst ökologisch erfolgt. Das ist noch echte Hand- und Hufarbeit.

„Dazu passt perfekt
ein frischer grüner
oder gemischter Salat."

Kartoffelspieße
mit Kokoscurry, fruchtig-herb

Zuerst die Kartoffeln waschen und falls notwendig bürsten. Die Kartoffeln in einem mittelgroßen Topf mit Wasser bedeckt aufkochen, salzen und zugedeckt etwa 15 Min. lang vorkochen. Anschließend den Backofen auf 180 °C Umluft vorheizen.

Die Schalotte schälen, halbieren und in sehr feine Würfel schneiden. Die Orange unter fließend heißem Wasser abspülen und mit einem Tuch trocken reiben. Die orangene Schale einer ganzen Orange abreiben, ohne dabei die weiße Unterhaut zu beschädigen. Als Nächstes die Orange schälen und die Orangenfilets (Fruchtfleisch) vorsichtig auslösen. Einen mittelgroßen Topf mit Dr. Goerg Kokosöl erhitzen und die Schalottenwürfel darin bei geringer Hitze kurz farblos anschwitzen. Jetzt das Currypulver und Mehl einrühren und kurz mit anschwitzen. Unter ständigem Rühren mit Dr. Goerg Kokosmilch aufgießen, Orangenabrieb und -filets zugeben und das Ganze mit Meersalz und Pfeffer würzen. Den Ansatz zu einer cremigen Sauce etwa 4–5 Min. lang einkochen lassen.

In der Zwischenzeit die Kirschtomaten waschen sowie mit Grün von der Rispe abscheiden. Die Kartoffeln abgießen und wenige Minuten auskühlen lassen. Für die Kartoffelspieße Tomaten und Kartoffeln abwechselnd auf die Holzspieße stecken und diese nebeneinander auf ein mit Backpapier präpariertes Blech geben. Kokoscurry-Sauce abschmecken und gleichermaßen über die Spieße verteilen. Im vorgeheizten Backofen bei 180 °C Umluft etwa 20 Min. lang garen, bis die Kartoffelspieße eine gleichmäßige Bräunung angenommen haben.

Rezept für 2 Personen:

200 ml Dr. Goerg Bio-Kokosmilch

4 EL Dr. Goerg Bio-Kokosöl

350 g Bio-Kartoffeln (Drillinge o. Ä.)

100 g Bio-Kirschtomaten

1 Bio-Orange

1 Bio-Schalotte

1 EL Currypulver

1 TL Bio-Weizenmehl

Etwas Meersalz, Pfeffer

Zubereitungszeit: 30 Min.

Zitronen-Kartoffeln

Rezept für 2 Personen:

4 EL Dr. Goerg Bio-Kokosöl

400 g kleine, festkochende Bio-Kartoffeln, (Drillinge o. Ä.)

1 Bio-Zitrone

1 Bio-Knoblauchzehe

1 TL Weißweinessig

1 EL Bio-Gemüsefond

1 TL Cognac

Einige Stiele frischer Bio-Oregano

Etwas Meersalz, Pfeffer

Zubereitungszeit: 20 Min.

Zuerst das Dr. Goerg Kokosöl im lauwarmen Wasserbad indirekt erwärmen, sodass es sich vom festen in den flüssigen Zustand versetzt.

In der Zwischenzeit die Kartoffeln waschen und bürsten und in ausreichend Salzwasser zugedeckt etwa 25–30 Min. weich kochen. Die Kartoffeln abgießen und etwas abkühlen lassen. Dann die Kartoffeln mithilfe eines kleinen Messers schälen.

Die Zitrone auspressen, den Saft in eine Schüssel geben, zusammen mit Weißweinessig, Gemüsefond und Cognac zu einer raffinierten Sauce mischen. Den Oregano waschen, mit Küchenpapier trocken tupfen, fein hacken und der Sauce untermischen. Alles mit Meersalz und Pfeffer abschmecken.

Die Knoblauchzehe schälen, sehr fein hacken und mit dem zuvor erwärmten Dr. Goerg Kokosöl zur Zitronensauce geben. Mit dem Schneebesen erneut gut durchrühren. Die Sauce über die noch lauwarmen Kartoffeln gießen und gleich servieren.

„Ein paar frische Zitronenzesten sehen schön aus und duften wunderbar fruchtig."

Vegan Coconut-Chips

Rezept für 2 Personen:

3 l Dr. Goerg Bio-Kokosspeisefett

3 mittelgroße Bio-Kartoffeln

2 Bio-Süßkartoffeln

Je 1 dicke orange, gelbe und rote Bio-Karotte

Etwas Meersalz

Zubereitungszeit: 15 Min.

Das Gemüse putzen, schälen und jeweils der Länge nach in sehr dünne Scheiben schneiden oder hobeln. Einen großen Topf mit ausreichend Dr. Goerg Kokosspeisefett erhitzen. Um festzustellen, ob das Fett die richtige Temperatur zum Frittieren hat, einen Holzlöffel mit dem Stiel in das Fett geben. Bilden sich kleine Bläschen am Stielende des Holzlöffels, hat das Fett die richtige Temperatur, um die Gemüsescheiben zu frittieren. Nun die Gemüsesorten nach und nach für wenige Sekunden frittieren, bis das Gemüse eine gleichmäßige Bräunung aufweist. Anschließend das Gemüse auf ein zuvor mit Küchenpapier präpariertes Backblech geben und sofort mit etwas Meersalz würzen.

Tipp: Im Anschluss an das Frittieren das Kokosspeisefett durch ein feinporiges Sieb gießen, auskühlen lassen und anschließend zurück in die Gläser füllen. Auf diesem Weg können Sie das Kokosspeisefett noch weitere Male zum Frittieren verwenden.

„Dazu passt hervorragend ein veganer Kräuterquark als Dipp oder sämtliche Chutneys."

Direkt & schonend.

Warum die erntefrische Verarbeitung so wichtig ist.

Es ist wie mit frischem Obst, je länger es liegt, desto mehr Nährstoffe gehen verloren, die biologische Wertigkeit ist dahin und lecker sieht es auch nicht mehr aus. Der Kokosnuss sieht man es vielleicht nicht direkt an, doch folgt sie den gleichen natürlichen Gesetzen.

Eine direkte Verarbeitung nach der Ernte – ohne Kompromisse und Umwege – ist daher von größter Wichtigkeit. Nur Dr. Goerg setzt dabei auf seine Dr. Goerg Erntefrische-Garantie, die die schonende Verarbeitung innerhalb von 72 Stunden nach der Ernte garantiert. Denn auch bei der direkten Verarbeitung kommt es auf die Art und Weise an. Schonende Handarbeit und Trocknung sowie das erntefrische Pressen bei ca. 38 °C (in 1. Kaltpressung) sind das A und O.

Je mehr Sorgfalt in die Verarbeitung fließt, desto besser ist das fertige Produkt. Das riecht, fühlt und schmeckt man auch. Gut, wenn die Verarbeitung und Herkunft der Produkte so transparent sind, wie bei Dr. Goerg und es für jeden nachvollziehbar ist.

Schonender geht es einfach nicht. Handgeschält, mit viel Liebe und Sorgfalt.

LEICHTE GERICHTE & SATTMACHER

Dr. Goerg Bio-Kokosöl und Kokosspeisefett sind perfekt zum Braten geeignet, Kokosmilch und Kokosmus verfeinern kräftige und milde Saucen. Kokosflakes, Raspel und Co. sorgen für den gewissen Crunch. Kokos ist eine hervorragende Basis für leckere und gesunde Mahlzeiten, die auch was hermachen – sowohl geschmacklich als auch optisch.

Kokosreis
mit Zuckerschoten

Rezept für 2 Personen:

200 ml Dr. Goerg Bio-Kokosmilch

4–5 EL Dr. Goerg Bio-Kokosöl

200 g Bio-Zuckerschoten

150 g Bio-Langkornreis

120 ml Bio-Gemüsefond

4 Bio-Frühlingszwiebeln

1 kleine gelbe Bio-Paprikaschote

1 Bio-Schalotte

1 Bio-Knoblauchzehe

1 Stück frischer Bio-Ingwer

1/2 Bio-Zitrone

1 TL Currypulver

1 kleines Bund Bio-Basilikum

Etwas Meersalz, Pfeffer

Zubereitungszeit: 15 Min.

Als Erstes die Zuckerschoten waschen, putzen und schräg halbieren. Frühlingszwiebeln putzen, waschen, von den dunkelgrünen Stielen befreien und die Zwiebeln in feine Ringe schneiden. Die Paprikaschote waschen, halbieren, putzen und in Streifen schneiden. Schalotte, Knoblauch und Ingwer schälen und alles in sehr feine Würfel schneiden.

Einen Wok mit Dr. Goerg Kokosöl erhitzen und das Gemüse darin unter ständigem Rühren bei starker Hitze etwa 2–3 Min. anbraten, anschließend das Gemüse herausnehmen und beiseitestellen.

Nun Schalotte, Knoblauch und Ingwer in denselben Wok geben und bei leichter Hitze etwa 1–2 Min. braten. Anschließend den Reis hinzugeben und so lange mitbraten, bis er vom Öl vollständig überzogen ist. Bei Bedarf noch Dr. Goerg Kokosöl hinzufügen. Den Reis mit Dr. Goerg Kokosmilch und Gemüsefond aufgießen sowie mit Zitronensaft, Curry, Meersalz und Pfeffer würzen und das Ganze zugedeckt bei geringer Hitze etwa 15 Min. garen. Anschließend das Gemüse wieder untermischen und alles noch einmal 5 Min. garen.

Inzwischen das Basilikum waschen, mit Küchenpapier trocken tupfen, die Blätter von den Stielen befreien und grob in Streifen schneiden. Den Kokosreis mit Basilikum garniert servieren.

PREMIUM BIO-KOKOSÖL VON DR. GOERG – das Original. In 1. Kaltpressung bei 38 °C direkt aus den erntefrischen Bio-Kokosnüssen innerhalb von 72 Stunden nach der Ernte hergestellt – das ist echte, naturbelassene Rohkost. Hat einen extrem hohen Laurinsäuregehalt von bis zu 59,42 %. Diesen hohen Wert bietet nur Dr. Goerg. Ideal zum Pur-Genießen, als Brotaufstrich oder zum Backen und Braten.

Grünes Gemüse-Curry
mit Ingwer

Rezept für 2 Personen:

100 ml Dr. Goerg Bio-Kokosmilch

50 g Dr. Goerg Bio-Kokosflakes

4 EL Dr. Goerg Bio-Kokosöl

2 EL Dr. Goerg Bio-Kokosblütensirup

1 TL Dr. Goerg Moringa de Coco

120 ml Bio-Gemüsefond

150 g ganze, zarte, grüne Bio-Bohnen (z. B. Prinzessbohnen)

100 g Bio-Zuckerschoten

2 gelbe spitze Bio-Paprikaschoten

1 grüne Bio-Paprikaschote

2 junge Bio-Möhren

1 kleine grüne Bio-Chilischote

1/2 Bund Bio-Frühlingszwiebeln

1 Bio-Knoblauchzehe

Ein kleines Stück frischer Bio-Ingwer

1/2 TL gelbe Senfkörner

1/2 TL Koriandersaat

Etwas Meersalz

1 EL Currypulver

Zubereitungszeit: 30 Min.

Zuerst die Bohnen und Zuckerschoten putzen, waschen und abtropfen lassen. Prinzessbohnen einmal in der Mitte durchbrechen und die Bohnenkerne von der Hülle befreien. Die Paprikaschoten und die Chilischote der Länge nach halbieren, die Stielansätze abschneiden sowie die Samenstränge und die Kerne sorgfältig entfernen. Beides waschen und abtropfen lassen. Grüne und gelbe Paprika in feine Streifen schneiden sowie die Chili sehr fein würfeln und alles beiseitestellen. Die Frühlingszwiebeln waschen, putzen und die weißen Zwiebeln fein würfeln, die grünen Keime schräg in feine Ringe schneiden. Die Möhren schälen, putzen und erst der Länge nach in feine Scheiben schneiden, anschließend sehr fein würfeln. Knoblauchzehe und Ingwer schälen und beides in sehr feine Würfel schneiden.

Einen Wok mit Dr. Goerg Kokosöl erhitzen und als Erstes den Ingwer und Knoblauch mit den Senfkörnern und der Koriandersaat darin unter ständigem Rühren stark anrösten, bis eine gleichmäßige Bräune erkennbar ist. Den Ansatz aus dem Wok auf einen Teller geben und beiseitestellen. Im selben Wok Dr. Goerg Kokosöl erhitzen und darin mit den Bohnen startend das Gemüse portionsweise in den Wok geben und das Gemüse bei mittlerer Hitze jeweils 1/2–1 Min. unter Rühren andünsten, dann zur Seite stellen und die nächste Portion in den Wok geben. Wenn alles Gemüse verbraucht ist, die Portionen Gemüse zusammen in den Wok geben, Dr. Goerg Kokosflakes unterrühren und das Gemüse mit Gemüsefond ablöschen. Mit Meersalz würzen und mit Dr. Goerg Kokosblütensirup abschmecken. Das Ganze mit Dr. Goerg Kokosmilch aufgießen und nun das Currypulver sowie Dr. Goerg Moringa de Coco einrühren und erneut mit Meersalz abschmecken.

PREMIUM MORINGA DE COCO VON DR. GOERG – reines Moringa-Blattspitzenpulver, mit Dr. Goerg Premium Bio-Kokosblütenzucker veredelt. Vielseitig verwendbar: ideal als Tee, zum Verfeinern von Smoothies, Saucen, Suppen, Dressings, Joghurt und für die bewusste Ernährung.

„Noch asiatischer wird dieses Gericht mit einer farbigen Blüte als Dekoration.“

Dr. Goerg steht für Nachhaltigkeit und Qualität.

Die Rodung des Regenwaldes und die Fällung von Palmen für ertragssteigernde Plantagen gehört keinesfalls zu der Philosophie von Dr. Goerg. So wird und wurde für die Dr. Goerg Premium Bio-Kokosnussprodukte niemals auch nur 1 m² Regenwald gerodet!

Das Unternehmen setzt stattdessen neben dem ökologischen Anbau der Bio-Kokosnüsse auf eine umweltschonende Mischkultur. Daher finden sich auf dem Areal neben Kokospalmen auch noch Bananen-, Mango-, Papaya-, Moringa-Bäume usw. Dieser nachhaltige Anbau schont den Boden und erschwert die Verbreitung von Schädlingen. Die Palmen werden zudem ausschließlich von Kleinbauern mit Familienbetrieben bewirtschaftet. Denn wer weiß besser über den richtigen Umgang mit Flora und Fauna Bescheid als die lokalen Kokosnussbauern, die seit jeher von dieser kostbaren Frucht leben. Mit ihrer Erfahrung und Tradition wird nicht nur der Umwelt etwas Gutes getan. Der schonende und respektvolle Umgang mit dem Rohstoff Kokosnuss fördert auch die Qualität des Endprodukts.

Ein weiterer wichtiger Bestandteil ist die vollständige Verwertung der natürlichen Ressourcen. Vom wertvollen Fruchtfleisch über das Kokoswasser bis hin zur Kokosschale, aus der Kohle gewonnen wird. All das vereint sich bei Dr. Goerg, und nur so können erstklassige Kokosprodukte hergestellt werden. Neben dem ökologischen Anbau achtet Dr. Goerg besonders auf eine faire Entlohnung und gute Arbeitsbedingungen für die philippinischen Kleinbauern.

Traditionell erfolgt die Ernte der Kokosnüsse mit langen Bambusrohren vom Boden aus oder direkt in der Krone.

Belugalinsensalat
mit Grapefruit und Nelke

200 g Belugalinsen

2 Bio-Kaffir-Limettenblätter

3 Gewürznelken

1 Bio-Schalotte

300 g Bio-Zucchini

1 kleine Bio-Grapefruit (oder 1/2 große)

2 Zweige Bio-Petersilie, glatt

1 Bio-Limette

2 EL Dr. Goerg Bio-Kokosöl

Etwas Meersalz, Pfeffer

Rezept für 2 Personen: **Zubereitungszeit: 30 Min.**

Zuerst die Belugalinsen in einem Sieb kalt abspülen, anschließend in einem mittelgroßen Topf mit 300 ml Wasser, Kaffir-Limettenblättern und Nelken aufkochen. Belugalinsen zugedeckt bei geringer Hitze etwa 15 Min. lang köcheln lassen.

In der Zwischenzeit die Schalotte schälen, halbieren und der Länge nach in sehr feine Streifen schneiden. Zucchini waschen, putzen und halbieren. Vom Kerngehäuse befreien und grob raspeln. Die Grapefruit schälen und die Filets vorsichtig auslösen und in einer Schüssel beiseitestellen. Die Petersilie waschen, mit Küchenpapier trocken tupfen und die Blätter in sehr feine Streifen schneiden. Die Limette unter fließend heißem Wasser abspülen, abtrocknen und die dunkelgrüne Schale einer 1/2 Limette fein abreiben sowie den Saft einer 1/2 Limette in eine Schüssel auspressen.

Eine mittelgroße Pfanne mit Dr. Goerg Kokosöl erhitzen und die Schalottenstreifen darin bei geringer Hitze etwa 2–3 Min. dünsten. Die Zucchini hinzugeben und unter Rühren etwa 3 Min. mitbraten. Das Ganze mit Meersalz und Pfeffer würzen sowie mit Limettenabrieb und -saft abschmecken. Die Linsen in ein Sieb gießen, abtropfen lassen und zusammen mit den Grapefruit-Filets unter die Zucchini mischen. In einer großen Schüssel mit Petersilie garniert anrichten.

„Eine ausgefallene Schale macht dieses Gericht zusätzlich zum Hingucker."

Süßkartoffel-Kokos-Ragout
mit Erdnüssen

Rezept für 2 Personen:

250 ml Dr. Goerg Bio-Kokosmilch

2 EL Dr. Goerg Bio-Kokosöl

2 EL Dr. Goerg Bio-Kokosflakes

500 g Bio-Süßkartoffeln

2 Bio-Schalotten

2 TL Currypulver

1 EL Tomatenmark

50 ml Bio-Gemüsefond

3 EL Erdnusskerne, geröstet und gesalzen

1 Msp. Cayennepfeffer

Etwas Meersalz

Zubereitungszeit: 20 Min.

Zuerst die Süßkartoffeln waschen, schälen und in 1 cm x 1 cm große Würfel schneiden. Die Schalotten ebenfalls schälen und sehr fein würfeln. Eine Pfanne mit Dr. Goerg Kokosöl erhitzen und die Schalottenwürfel darin bei mittlerer Hitze kurz farblos anschwitzen. Anschließend die Süßkartoffelwürfel hinzugeben und beides bei mittlerer Hitze für etwa 3 Min. anbraten.

Jetzt Curry und Tomatenmark gleichmäßig einrühren und das Ragout bei mittlerer Hitze erneut kurz anschwitzen. Mit Dr. Goerg Kokosmilch und Gemüsefond aufgießen, das Ragout langsam zum Kochen bringen und jetzt die Erdnüsse zugeben. Das Ragout zugedeckt bei geringer Hitze etwa 10 Min. lang schmoren lassen. Mit Meersalz und Cayennepfeffer würzen. Eine Pfanne ohne Zugabe von Fett erhitzen und darin Dr. Goerg Kokosflakes bei mittlerer Hitze kurz rundum goldbraun rösten und über das Süßkartoffel-Kokos-Ragout streuen.

PREMIUM BIO-KOKOSFLAKES VON DR. GOERG – aus dem erntefrischen Fruchtfleisch der Bio-Kokosnuss geraspelt – innerhalb von 72 Stunden nach der Ernte. Sie enthalten keinerlei Zusatzstoffe. Das ist echte, naturbelassene Rohkost. Perfekt als Fingerfood und zum Verfeinern herzhafter und süßer Gerichte.

„Mit etwas grob geschnittenem Kerbel verfeinern – ein geschmackliches Highlight!“

Kokos-Kichererbsen-Curry
mit Pak Choi

Rezept für 2 Personen:

200 ml Dr. Goerg Bio-Kokosmilch
4 EL Dr. Goerg Bio-Kokosöl
2 EL Dr. Goerg Bio-Kokos-Chips
3 Bio-Möhren
1 Bio-Pak Choi (ca. 100 g)
1 Bio-Gemüsezwiebel
1 kleines Stk. Bio-Ingwer
1/2 Dose Kichererbsen
1 EL grüne Currypaste
100 g TK-Erbsen
1 Spritzer Bio-Limettensaft
1 Stiel Bio-Basilikum
Etwas Meersalz

Zubereitungszeit: 25 Min.

Die Zwiebel schälen, halbieren und in feine Streifen schneiden. Den Ingwer schälen und in sehr feine Würfel schneiden. Möhren waschen, putzen, schälen und in dünne Scheiben schneiden. Pak Choi waschen, putzen, vom Stiel befreien und ebenfalls in Streifen schneiden. Die Kichererbsen auf ein Sieb gießen, kalt abspülen und abtropfen lassen.

Eine Pfanne mit etwas Dr. Goerg Kokosöl erhitzen, die Zwiebel darin bei mittlerer Hitze wenige Minuten stark anbraten. Anschließend den Ingwer und die Currypaste zugeben und kurz mitrösten.

Dr. Goerg Kokosmilch öffnen und 2 EL der dicken Creme oberhalb der Dr. Goerg Kokosmilch abschöpfen, dem Ansatz zugeben und etwa 2 Min. mitbraten. Jetzt die Möhren hinzugeben und mit der restlichen Dr. Goerg Kokosmilch aufgießen. Das Ganze offen bei mittlerer Hitze ca. 5–6 Min. einkochen. Anschließend Kichererbsen, Pak Choi und Erbsen hinzugeben und das Ganze bei mittlerer Hitze weitere 3–5 Min. köcheln lassen.

Mit Meersalz würzen und mit Limettensaft abschmecken. Das Basilikum waschen, mit Küchenpapier trocken tupfen, die Blättchen abzupfen und im Anschluss an das Anrichten über das Curry streuen. Kokos-Kichererbsen-Curry mit Dr. Goerg Bio-Kokos-Chips verfeinern.

„Thailändischer Duftreis harmoniert ausgezeichnet mit der Sauce – eine wahre Gaumenfreude.“

Andreas Kaden

Gourmet-Koch mit Faible für nachhaltige Produkte

»Die Zutaten für meine kreativ-deutsche Küche müssen immer frisch sein und von bester Qualität. Wenn möglich aus der Region, sonst aus dem Rest der Welt. So wie die erstklassigen Premium Kokosnussprodukte von Dr. Goerg, die mit ihrer einzigartigen Erntefrische-Garantie und ihrer Nachhaltigkeit und Transparenz Maßstäbe setzen und perfekt in mein Sortiment hochwertiger Zutaten passen.«

Andreas Kadens Lieblingsrezept:
Orangenspargel mit Kräutercouscous

Andreas Kaden – der Koch, dessen Karriere mit seiner Ausbildung im „Kühler Krug" in Freiburg begann. Im Laufe der Jahre arbeitete er in renommierten Restaurants vom „Jörg Müller" auf Sylt über das „Landhaus zum Bären" in Balduinstein bis zum Fünf-Sterne-„Hotel Schloss Rheinhartshausen" in Eltville, in dem er als Küchenchef für Bankett und Restaurant seine Fähigkeiten als Koch schärfte. Heute arbeitet er als Küchenchef im „Bernhards" in Montabaur.

Qualität ist kein Zufall – sie beginnt schon mit der Nachzucht.

Das weiß auch Andreas Kaden und deshalb kommen in sein Lieblingsrezept auch nur Zutaten, die von Grund auf von hoher Qualität sind. Wie dieser Sprössling, der bald schon im Urwaldboden eingesetzt wird und in den nächsten Jahren zu einer prächtigen Kokospalme heranwächst, die für eine weitere Generation von nachhaltig angebauten Kokosnüssen sorgen wird.

Orangenspargel
mit Kräutercouscous

100 g Couscous (Instant)

700 g frischer grüner Bio-Spargel

1 Bio-Orange

4–5 EL Dr. Goerg Bio-Kokosöl

Etwas Meersalz, Pfeffer

2 EL Dr. Goerg Bio-Kokosblütensirup

Je 1 Zweig Bio-Kerbel, -Estragon, -Petersilie, glatt

2 EL Dr. Goerg Bio-Kokos-Chips

Rezept für 2 Personen: **Zubereitungszeit: 25 Min.**

Zuerst den Couscous in einem Gefäß mit etwa 100 ml heißem Wasser und einer Prise Salz verrühren und ca. 20–25 Min. lang quellen lassen. In der Zwischenzeit die Spargelenden abschneiden und die Stangen von oben nach unten schälen. Als Nächstes den Backofen auf 180 °C Umluft vorheizen. Die Orange heiß abwaschen, abtrocknen und die orangene Schale abreiben. Den Saft einer 1/2 Orange in eine Schüssel auspressen. Eine große Pfanne (für den Backofen geeignet) mit 2 EL Dr. Goerg Kokosöl erhitzen und den Spargel darin bei mittlerer Hitze von allen Seiten wenige Minuten goldbraun anbraten. Mit Meersalz und Pfeffer würzen, Orangenabrieb und -saft und Dr. Goerg Kokosblütensirup gleichermaßen auf dem Spargel verteilen. Anschließend den Spargel mit der Pfanne in den Backofen geben und etwa 8–10 Min. garen, bis der Spargel zu karamellisieren beginnt. Wenn nötig etwas Orangensaft nachgießen, es sollte immer ausreichend Flüssigkeit in der Pfanne sein. Den Spargel gelegentlich wenden, sodass er gleichmäßig im Sud liegt. Inzwischen die Kräuter waschen, mit Küchenpapier trocken tupfen, die Blätter von den Stielen befreien und zusammen sehr fein zu einer Kräutermischung hacken. Eine weitere Pfanne mit dem restlichen Dr. Goerg Kokosöl erhitzen und den Couscous darin bei mäßiger Hitze unter ständigem Rühren 1–2 Min. anrösten. Kräutermischung und Dr. Goerg Kokos-Chips hinzugeben, alles gut durchmengen und mit dem Spargel anrichten.

„Die Kombination dieses leicht-
fruchtigen Gerichts mit den crispy
Kokos-Chips ist einfach umwerfend!“

Pikantes Gemüse
in Kokossauce

Rezept für 2 Personen:

200 ml Dr. Goerg Bio-Kokosmilch

2 EL Dr. Goerg Bio-Kokosöl

150 g Bio-Chinakohl

100 g Bio-Zuckerschoten

100 g Bio-Shiitake-Pilze

1 kleine rote Bio-Paprikaschote

1/2 Stange Bio-Lauch

1 Bio-Möhre

1 Bio-Schalotte

1 Bio-Knoblauchzehe

1 getrocknete Bio-Chilischote

1 EL Sojasauce

Zubereitungszeit: 20 Min.

Den Chinakohl putzen, halbieren, waschen und quer in Streifen schneiden. Die Paprikaschote waschen, putzen und in Rauten schneiden. Lauch putzen, gründlich waschen und in etwa 1/2 cm breite Ringe schneiden. Dann die Zuckerschoten waschen, putzen und schräg halbieren. Die Möhre waschen, putzen, schälen und in dünne Scheiben hobeln oder schneiden. Pilze mit Küchenpapier und einer feinen Bürste abbürsten, von den Stielen befreien und in Streifen schneiden. Schalotte und Knoblauch schälen und beides sehr fein hacken. Chilischote in einem Mörser fein zerreiben.

Einen Wok mit Dr. Goerg Kokosöl erhitzen. Möhren, Lauch und Zuckerschoten darin bei starker Hitze unter ständigem Rühren kurz anbraten. Anschließend Pilze, Schalotte, Knoblauch und Chili hinzugeben und bei mittlerer Hitze weitere 2 Min. mitbraten. Nun die Paprika und den Chinakohl untermischen und weitere 2 Min. bei mittlerer Hitze garen. Jetzt das Gemüse mit Dr. Goerg Kokosmilch aufgießen und alles zusammen wenige Minuten bei mittlerer Hitze einkochen. Pikantes Gemüse mit Sojasauce abschmecken und in tiefen Tellern anrichten.

Vegan Burger
mit Mango und Avocado

Rezept für 2 Personen:

- 1 EL Dr. Goerg Bio-Kokosmilch
- 4 EL Dr. Goerg Bio-Kokosraspel
- 2 vegane Burgerbrötchen
- 1 kleine Bio-Mango
- 1 kleine vollreife Bio-Avocado
- 1 Bio-Möhre
- 1 Dose Kidneybohnen
- 30 ml süßscharfe Chilisauce
- 2 EL Bio-Rapsöl
- EL Bio-Zitronensaft
- 1 Bio-Schalotte
- 1/2 Bio-Knoblauchzehe
- 1 kleines Bund Bio-Koriandergrün
- Etwas Meersalz, Pfeffer

Zubereitungszeit: 25 Min.

Für die Avocadocreme die Avocado der Länge nach halbieren, vom Kern befreien und das Fleisch mithilfe eines Esslöffels aus der Schale heben. Den Knoblauch schälen und beides mit dem festen Bestandteil der Dr. Goerg Kokosmilch und Zitronensaft in einen elektrischen Blitzhacker geben und zu einer homogenen Masse pürieren. Das Ganze mit Meersalz und Pfeffer würzen.

Für die Salsa die Mango schälen und das Fruchtfleisch der Länge nach vom Stein schneiden. Die Hälfte des Fruchtfleischs im Blitzhacker pürieren, die andere Hälfte in feine, tatargroße Würfel schneiden. Beides in einer Schüssel mit Chilisauce verrühren. Den Koriander abwaschen, mit Küchenpapier trocken tupfen, die Blätter abzupfen, und die Hälfte der Blätter grob hacken und untermischen. Die Mangosalsa mit Meersalz und Pfeffer würzen. Nun den Backofen auf 180 °C Umluft vorheizen.

Für die Bohnen-Pattys die Schalotte schälen und in sehr feine Würfel schneiden. Die Möhre schälen, putzen, grob raspeln und gut ausdrücken. Die Bohnen in einem Sieb abbrausen, abtropfen lassen. Die Hälfte der Bohnen im Blitzhacker pürieren, den Rest mit der Gabel grob zerdrücken. Alles in einer Schüssel mit Dr. Goerg Kokosraspel gut vermischen sowie mit Meersalz und Pfeffer würzen. Aus der Masse zwei gleichermaßen flache Pattys in Größe der Brötchen formen. Ist die Masse zum Formen zu feucht, geben Sie noch einen EL Dr. Goerg Kokosflakes hinzu. Eine große Pfanne mit Dr. Goerg Kokosöl erhitzen und die Bohnen-Pattys darin bei mittlerer Hitze auf jeder Seite etwa 3–4 Min. goldbraun braten.

In der Zwischenzeit die veganen Burgerbrötchen aufschneiden, mit den Schnittflächen nach unten auf ein Backofenrost legen und im Ofen (Grill) auf mittlerer Stufe für wenige Minuten knusprig backen. Die Schnittflächen der unteren Brötchenhälften mit der Avocadocreme bestreichen und je einen Bohnen-Patty daraufgeben. Mit Mangosalsa und Korianderblättern belegen, die oberen Brötchenhälften daraufsetzen und ganz leicht andrücken. Die Burger sofort servieren.

Romanesco-Pasta
mit Kokos-Erdnuss-Sauce

250 g Bio-Vollkornreis-Penne

300 g Bio-Romanesco

250 ml Bio-Gemüsefond

100 ml Dr. Goerg Bio-Kokosmilch

1 Spritzer Bio-Limettensaft

2 EL Dr. Goerg Bio-Kokosblüten-sirup

2 EL Erdnusscreme

2 EL helle Sojasauce

1/2 TL Sambal Oelek

1 Stiel Bio-Petersilie, glatt

Rezept für 2 Personen: **Zubereitungszeit: 20 Min.**

Die Vollkornreis-Penne in 2 l kochendem Salzwasser etwa 8–10 Min. bissfest garen. Den Romanesco putzen, waschen und in kleine Röschen schneiden. In einem weiteren Topf mit 2 l kochendem Salzwasser den Romanesco für etwa 3 Min. bei mittlerer Hitze garen. Beide Bestandteile in ein Sieb gießen und abtropfen lassen.

In einem mittelgroßen Topf Dr. Goerg Kokosmilch zum Kochen bringen und zusammen mit Gemüsefond und Erdnusscreme bei mittlerer Hitze etwa 5 Min. einkochen lassen, bis eine Bindung erkennbar ist. Diesen Ansatz mit Dr. Goerg Kokosblütensirup, Limettensaft, Sojasauce und Sambal Oelek pikant abschmecken. Die Petersilie waschen, mit Küchenpapier trocken tupfen, die Blätter von den Stielen befreien und grob hacken. Die Gemüsenudeln der Kokos-Erdnuss-Sauce zugeben, gut miteinander vermischen und das Gericht gleichmäßig auf zwei Teller verteilen, mit Petersilie verfeinern.

„Bei der Form der Polenta
sind Ihrer Phantasie
keine Grenzen gesetzt.“

Kokos-Polenta
mit Pilzen und Cherrytomaten

Rezept für 2 Personen:

125 ml Dr. Goerg Bio-Kokosmilch

2 EL Dr. Goerg Bio-Kokosöl

2 EL Dr. Goerg Bio-Kokosblütensirup

375 ml Bio-Gemüsefond

100 ml Weißwein

125 g Polenta (Instant)

200 g kleine Bio-Cherrytomaten

100 g weiße oder braune Bio-Champignons

150 g Bio-Austernpilze

1/2 Bund Bio-Schnittlauch

2 Zweige Bio-Thymian

Etwas Meersalz, Pfeffer

Zubereitungszeit: 30 Min.

In einem mittelgroßen Topf Dr. Goerg Kokosmilch zusammen mit Gemüsefond, zuvor gewaschenen Thymianzweigen, Meersalz und Pfeffer aufkochen. Anschließend die Thymianzweige entnehmen, die Polenta einstreuen und unter Rühren bei geringer Hitze nach Packungsangabe etwa 8–10 Min. garen.

Inzwischen die Cherrytomaten waschen, vierteln und die Stielansätze entfernen. Die Pilze trocken abreiben, den Stielansatz entfernen, halbieren und wenn nötig vierteln. Den Schnittlauch waschen, trocken schütteln und anschließend in sehr feine Ringe schneiden.

Eine kleine Pfanne mit Dr. Goerg Kokosöl erhitzen und darin die Pilze bei voller Hitze kurz anbraten. Dann die Cherrytomaten hinzugeben und bei geringer Hitze 2 Min. mitdünsten. Das Ganze mit Dr. Goerg Kokosblütensirup karamellisieren und anschließend mit Weißwein ablöschen. Weitere 2 Min. einkochen lassen, bis eine dickflüssige Sauce entsteht. Den Schnittlauch bis auf 1 EL untermischen. Die Pilze mit Meersalz und Pfeffer würzen. Die Polenta mit den Pilzen auf vorgewärmten Tellern anrichten und den restlichen Schnittlauch darauf dekorativ anrichten.

Artischocken-Risotto
in Kokosmilch

Rezept für 2 Personen:

100 ml Dr. Goerg Bio-Kokosmilch

2 EL Dr. Goerg Bio-Kokosöl

1 TL Dr. Goerg Bio-Kokosmus

350 ml Bio-Gemüsefond

1 EL Dr. Goerg Bio-Olivenöl

2 mittelgroße Bio-Artischocken

100 g Risottoreis (Arborio)

50 ml Weißwein

6–8 Bio-Cherrytomaten

1 Bio-Schalotte

1 Bio-Knoblauchzehe

1 Bio-Zitrone

1 EL Bio-Basilikum (fein gehackt)

1 EL Bio-Zitronenthymian

1 EL Pinienkerne

Etwas Meersalz, Pfeffer

Zubereitungszeit: 15 Min.

Die Cherrytomaten waschen, vierteln und die Stielansätze entfernen. Eine kleine Pfanne mit Dr. Goerg Olivenöl erhitzen und die Tomaten darin bei mittlerer Hitze kurz anbraten. Mit Meersalz und Pfeffer würzen und beiseitestellen. Die Artischocken putzen und das Heu im Inneren der Artischocke mithilfe eines Teelöffels entfernen. Nun die Artischocken in dünne Spalten schneiden und mit Zitronensaft beträufeln. Eine weitere Pfanne mit 1 EL Dr. Goerg Kokosöl erhitzen und die Artischockenspalten darin bei mäßiger Hitze etwa 4–6 Min. braten. Mit Meersalz und Pfeffer würzen, dann beiseitestellen.

Schalotten und Knoblauch schälen und beides in sehr feine Würfel schneiden. Einen Topf mit dem restlichen Dr. Goerg Kokosöl erhitzen und darin die Schalotten- und Knoblauchwürfel bei geringer Hitze wenige Minuten glasig dünsten. Anschließend Dr. Goerg Kokosmus hinzugeben und kurz mitdünsten. Jetzt den Risottoreis hinzugeben und alles zusammen eine weitere Minute garen. Den Ansatz mit Weißwein ablöschen und bei mäßiger Hitze so lange einkochen, bis der Weißwein fast vollständig einreduziert ist. Die Hälfte des Gemüsefonds sowie die Hälfte der Dr. Goerg Kokosmilch zugeben und bei mittlerer Hitze unter ständigem Rühren einkochen, bis der Reis die Flüssigkeit aufgenommen hat. Anschließend den zweiten Teil des Gemüsefonds sowie der Dr. Goerg Kokosmilch hinzugeben und unter ständigem Rühren etwa 15–20 Min. einkochen, bis eine cremige Konsistenz des Risotto erkennbar ist und die Flüssigkeit fast aufgebraucht ist. Artischocken, Cherrytomaten und Kräuter hinzugeben und unterrühren.

Das Artischocken-Risotto mit Meersalz und Pfeffer abschmecken und auf tiefen Tellern anrichten. Eine Pfanne ohne Fett erhitzen und darin bei mittlerer Hitze die Pinienkerne für wenige Sekunden rundum goldbraun rösten. Über das Risotto streuen.

PREMIUM BIO-KOKOSMILCH VON DR. GOERG – eine Dose enthält die Milch aus 3 erntefrischen Bio-Kokosnüssen. Schonend aus saftigem Fruchtfleisch innerhalb von 72 Stunden nach der Ernte hergestellt. Enthält nur ca. 18 % Fett und keinerlei Zusätze wie Zucker, Kokosnussextrakt, Konservierungs- und Verdickungsmittel – ein naturbelassener Genuss!

„Alle Nüsse, die in einer Pfanne ohne Fett erhitzt werden, gewinnen ein Mehr an Geschmack und Intensität.“

FAIR TRADE FOR FAIR LIFE

„Wir kaufen kein Fair Trade – wir leben Fair Trade." Manfred Görg

Erfolg teilen und Hilfe leisten!

Ein weiteres Herzensanliegen ist für Dr. Goerg das ehrenamtliche Engagement. So möchte das Unternehmen seinen Erfolg teilen und dem Ursprungsland seiner Premium Bio-Kokosnussprodukte etwas zurückgeben.

Mit „Fair Trade for Fair Life" unterstützt Dr. Goerg schon seit Jahren die Ärmsten der Armen auf den Philippinen. Dabei verzichtet das Unternehmen auf kostenintensive Zertifizierungen und lässt das Geld ganz unbürokratisch direkt den Menschen zugutekommen, die es dringend benötigen. Neben Kindergarten- und Schulprojekten, die den Kindern vor Ort eine bessere Zukunft ermöglichen, gehört dazu die Unterstützung des Waisenhauses Hospicio de San José. Durch finanzielle und persönliche Hilfe leistet Dr. Goerg einen entscheidenden Beitrag zur Sicherung der Grundversorgung der dort lebenden Kinder und Babys und hat die Patenschaft aller Säuglinge bis zum dritten Lebensjahr übernommen.

Für diese Unterstützung wurde Dr. Goerg im Jahr 2015 mit dem philippinischen Award für außergewöhnliches soziales Engagement ausgezeichnet.

Soziales Engagement beginnt mit fairen Arbeitsbedingungen und geht weiter mit Projekten, die den Menschen dort helfen, wo Hilfe wirklich nötig ist.

„Mit farbigen Bindfäden
können Sie das Backpapier auch
zu Bonbons verschnüren."

Kokos-Fravolina
mit schwarzen Oliven

150 g Bio-Tofu

8 Bio-Cherry-tomaten

1 Bio-Knob-lauchzehe

2 Zweige Bio-Thymian

2 Zweige Bio-Oregano

1 Stiel Bio-Basilikum

4–5 EL Dr. Goerg Bio-Kokosöl

40 g schwarze Bio-Oliven (entsteint)

1 EL Dr. Goerg Bio-Kokosblüten-sirup

Etwas Meersalz, Pfeffer

Rezept für 2 Personen: **Zubereitungszeit: 20 Min.**

Zunächst den Backofen auf 180 °C Umluft vorheizen. Den Tofu in ca. 1 cm x 1 cm große Würfel schneiden. Die Tomaten waschen, halbieren und die Stielansätze entfernen. Den Knoblauch schälen und in dünne Scheiben schneiden. Die Kräuter waschen, mit Küchenpapier trocken tupfen, die Blätter von den Stielen befreien und sehr fein hacken. Alles zusammen in einer Schüssel mit den Oliven, Dr. Goerg Kokosblütensirup und zuvor erwärmtem Dr. Goerg Kokosöl vermengen. Die Fravolina-Masse mit Meersalz und Pfeffer würzen.

Zwei Stück Backpapier nebeneinander auf einer Arbeitsfläche ausbreiten und die Fravolina-Masse darauf gleichermaßen verteilen. Jeweils ein zweites Stück Backpapier (etwas größer als das erste) darauf platzieren und die Enden doppelt falten, also dicht verschließen, sodass keinerlei Aromaten entweichen können. Die Päckchen mit einem Tacker oder mit Büroklammern verschließen, auf ein Backblech legen und im vorgeheizten Backofen auf mittlerer Schiene etwa 15–20 Min. garen. Anschließend die Päckchen aus dem Ofen nehmen, mittig auf runde Teller setzen und im geschlossenen Zustand servieren.

Linsen mit Kokos-Tofu
und Ingwer-Zitronensauce

Rezept für 2 Personen:

100 ml Dr. Goerg Bio-Kokosmilch

1 EL Dr. Goerg Bio-Kokosöl

1 EL Dr. Goerg Bio-Kokosblütensirup

200 g geräucherter Bio-Pilztofu

150 g kleine Bio-Berglinsen o. Ä.

120 g TK-Spinat

50 ml Bio-Gemüsefond

1 Bio-Kaffir-Limettenblatt

1/2 Bio-Zitrone (unbehandelt)

2 Bio-Frühlingszwiebeln

Wenig frischer Bio-Ingwer

3 Stiele Bio-Koriander

1 Bio-Knoblauchzehe

1 EL grüne Currypaste

Wenige Chiliflocken

Etwas Meersalz, Pfeffer

Zubereitungszeit: 25 Min.

Als erstes die Linsen waschen und zusammen mit dem Limettenblatt in kochendem, etwas gesalzenem Wasser etwa 15–20 Min. bissfest garen.

Inzwischen den Spinat auftauen lassen sowie den Tofu in daumendicke Würfel schneiden. Frühlingszwiebeln putzen, waschen und die weißen Zwiebeln schräg in feine Ringe schneiden. Den Ingwer und Knoblauch schälen und beides in sehr feine Würfel schneiden. Die Zitrone heiß abwaschen, abtrocknen und die gelbe Schale abreiben sowie 1 EL Saft der Zitrone auspressen. Einen Wok mit Dr. Goerg Kokosöl erhitzen, den Ingwer und Knoblauch darin bei mittlerer Hitze wenige Minuten farblos anschwitzen, anschließend die Currypaste hinzugeben und kurz mit anrösten. Dann den Tofu zugeben und auch kurz mit anbraten.

Mit Dr. Goerg Kokosmilch und Gemüsefond aufgießen und einmal aufkochen lassen. Jetzt den Spinat hinzufügen und bei mittlerer Hitze 2–3 Min. mitgaren. Die Linsen in ein Sieb gießen und dabei das Limettenblatt entfernen. Anschließend die Linsen unter das Curry mischen und darin wenige Minuten ziehen lassen. Zitronenabrieb, Saft der Zitrone und Dr. Goerg Kokosblütensirup unterrühren. Mit Meersalz und Pfeffer würzen. Den Koriander waschen, mit Küchenpapier trocken tupfen und die Blätter von den Stielen befreien. Die Linsen mit Korianderblättern und Chiliflocken garniert anrichten.

„Dazu passen hervorragend asiatische Reisnudeln oder Jasminreis."

Gemüse-Kokos-Wok
mit gebratenem Tofu

Rezept für 2 Personen:

100 ml Dr. Goerg Bio-Kokosmilch

2 EL Dr. Goerg Bio-Kokosöl

3–4 EL Dr. Goerg Bio-Kokosblütensirup

100 g Bio-Tofu

70 g Bio-Hokkaidokürbis

70 g Bio-Zuckerschoten

1 Bio-Pak Choi

Je 1 rote und gelbe Bio-Paprikaschote

2 Bio-Frühlingszwiebeln

3 Bio-Babymaiskolben

1 Bio-Möhre

1/2 Bio-Limette

1 Bio-Knoblauchzehe

Etwas frischer Bio-Ingwer

1 TL rote Currypaste

1 EL Sojasauce

2 Stiele Bio-Koriander

Zubereitungszeit: 25 Min.

Zunächst die Zuckerschoten putzen, waschen und schräg halbieren. Die Frühlingszwiebeln ebenfalls putzen und waschen, die weißen Zwiebeln schräg in feine Ringe schneiden. Den Kürbis waschen, vierteln und die Viertel von den Kernen befreien. Anschließend den Kürbis in 1 cm breite Streifen schneiden und diese wiederum in 1 cm x 1 cm große Würfel schneiden. Den Pak Choi waschen und vierteln. Die Paprikaschoten waschen, der Länge nach halbieren, vom Kerngehäuse befreien und auch in 1 cm x 1 cm große Würfel schneiden. Die Babymaiskolben der Länge nach halbieren. Die Möhre putzen, schälen und schräg in Scheiben schneiden. Knoblauch und Ingwer schälen und beides gleichermaßen in sehr feine Würfel schneiden.

Einen Wok mit 2 EL Dr. Goerg Kokosöl erhitzen und darin den Knoblauch und Ingwer bei mittlerer Hitze wenige Minuten rundum anschwitzen. Anschließend Kürbis, Paprikaschoten, Möhrenscheiben und Maishälften hinzugeben und bei mittlerer Hitze weitere 2 Min. anbraten. Dann die Zuckerschoten und Frühlingszwiebeln hinzugeben und kurz mitbraten. Den Pak Choi, Currypaste, Dr. Goerg Kokosblütensirup unterrühren und das Wok-Gemüse bei geringer Hitze wenige Minuten ziehen lassen, dann mit Sojasauce ablöschen sowie mit Dr. Goerg Kokosmilch aufgießen und das Ganze einmal aufkochen.

Das Gemüsecurry offen etwa 5 Min. einkochen, den Abrieb einer 1/2 Limette unterrühren und mit Limettensaft abschmecken. Den Tofu in 1 cm x 1 cm große Würfel schneiden. Eine weitere Pfanne mit dem restlichen Dr. Goerg Kokosöl erhitzen und den Tofu darin bei starker Hitze von allen Seiten rundum goldbraun braten. Koriander waschen, mit Küchenpapier trocken tupfen, die Blätter von den Stielen befreien und grob hacken. Das Gemüsecurry auf vorgewärmten Tellern anrichten und den Tofu darauf verteilen. Mit frisch gehacktem Koriander verfeinern.

Gegrillter Tofu
auf fruchtigem Zuckerschoten-Kokos-Salat

Rezept für 2 Personen:

100 ml Dr. Goerg Bio-Kokosmilch

4 EL Dr. Goerg Bio-Kokosöl

2 EL Dr. Goerg Bio-Kokos-Chips

1 EL Dr. Goerg Bio-Kokosblütensirup

25 ml Reisessig

1/2 TL Speisestärke

2 EL helle Sojasauce

300 g Bio-Zuckerschoten

200 g Bio-Tofu, unbehandelt

2 Stiele Bio-Basilikum

1 kleine rote Bio-Chilischote

1 Bio-Knoblauchzehe

1 TL Tomatenmark

Etwas Meersalz, Pfeffer

Zubereitungszeit: 15 Min.

Den Tofu in daumenbreite Scheiben schneiden.

Für die Marinade: Reisessig, Stärke und Sojasauce in einem Behältnis mixen. Die Tofuscheiben untermischen und etwa 10 Min. marinieren lassen.

In der Zwischenzeit die Chilischote der Länge nach halbieren, entkernen, waschen und in sehr feine Streifen schneiden. Knoblauch schälen und sehr fein hacken. Die Zuckerschoten waschen, die beiden Enden abschneiden und die Zuckerschoten in kochendem Salzwasser etwa 8 Min. lang bissfest garen. Anschließend in einem mit Eiswasser befüllten Gefäß abschrecken. So behält das Gemüse seine Farbe und der Garprozess wird durch diesen Vorgang gestoppt – so bleibt das Gemüse schön knackig.

Nun die Tofuscheiben abtropfen lassen. Als Nächstes eine große Pfanne mit Dr. Goerg Kokosöl erhitzen und die Tofuscheiben darin bei mittlerer Hitze für wenige Minuten von beiden Seiten goldbraun braten. Anschließend Chili und Knoblauch in derselben Pfanne bei geringer Hitze kurz anschwitzen, Tomatenmark unterrühren sowie mit Dr. Goerg Kokosmilch aufgießen. Anschließend die Zuckerschoten zugeben und das Ganze erneut aufkochen. Dr. Goerg Kokosblütensirup unterrühren und das Ganze mit Meersalz und Pfeffer würzen.

Basilikum waschen, mit Küchenpapier trocken tupfen und die Blätter von den Stielen befreien sowie grob schneiden. Zuckerschoten-Kokos-Salat gleichermaßen auf zwei Tellern anrichten. Darauf den Tofu platzieren und mit Dr. Goerg Kokos-Chips und Basilikum verfeinern.

„Jasminreis passt wunderbar als Sättigungsbeilage dazu."

SÜSSE DESSERTS

Kokos und Desserts – das passt einfach perfekt zusammen! Dr. Goerg Premium Bio-Kokosblütenzucker und -sirup bringen eine mild-karamellige Süße mit, die einfach unwiderstehlich ist. Kokosmehl, Kokosmus und Kokosmilch sind in süßen Teigen, zartschmelzenden Cremes und erfrischend fruchtigen Eis-Kreationen einfach nicht wegzudenken. Kleine vegane Versuchungen, denen man gerne nachgibt!

Mango-Carpaccio
mit Kokosraspeln und Himbeerpüree

1 Bio-Mango

1 TL Dr. Goerg
Bio-Kokosblütenzucker

2 EL Dr. Goerg
Bio-Olivenöl

1 Bio-Limette

2 Stiele frische
Bio-Minze

100 g Bio-
Himbeeren

2 EL Dr. Goerg
Bio-Kokosblütensirup

100 g Dr. Goerg
Bio-Kokosraspel

Rezept für 2 Personen: **Zubereitungszeit: 30 Min.**

Für das Mango-Carpaccio die Mango schälen und links und rechts des mittig platzierten Steins hauchdünne Scheiben abschneiden. Die Fruchtscheiben in einer Schüssel mit Dr. Goerg Olivenöl, Saft einer 1/2 Limette und Dr. Goerg Kokosblütenzucker marinieren. Die Minze waschen, mit Küchenpapier trocken tupfen, die Blätter von den Stielen befreien, bis auf die Minzspitzen in sehr feine Streifen schneiden und der Mango zufügen. Das Mango-Carpaccio noch einmal vermengen, dann beiseitestellen.

Das restliche Fruchtfleisch vom Kern schneiden und in einen Standmixer geben. Die Himbeeren putzen, waschen, mit Küchenpapier trocken tupfen und ebenfalls in den Standmixer geben. Zusammen mit Dr. Goerg Kokosblütensirup zu einem raffinierten Püree mixen. Anschließend das Himbeerpüree durch ein feines Sieb streichen, um die Himbeerkerne zu entfernen. Das Mango-Carpaccio mittig auf dem Teller anrichten und das Himbeerpüree darauf verteilen. Dr. Goerg Kokosraspel und Minzspitzen dekorativ darauf anrichten. Die restliche Limette halbieren und die Spalten seitlich auf dem Teller platzieren.

Bruce

Der Kokosnussexperte mit philippinischen Wurzeln

Bruce liebt die Musik und das Singen. Gerne performt er dabei auch Lieder seines Namensvetters Bruce Springsteen und stand bereits mit fünf Jahren gemeinsam mit ihm auf der Bühne. Er fährt gerne richtige Autos, am liebsten aber Bagger und spielt 2016 im neuen Kinostreifen „Los Veganeros" mit. Für eines hat er aber immer Zeit: neue Kokosnussprodukte von Dr. Goerg zu testen. Sein Gesicht ziert auch das Dr. Goerg Kokoswasser. Eine Leidenschaft für Kokos, die schon früh beginnt und nur noch größer werden kann.

Bruce' Lieblingsrezept:
das fruchtig-cremige Kokos-Erdbeer-Eis

Bruce' Geheimtipp:
Dr. Goerg Kokosflakes über
das servierbereite Eis streuen.
Das sieht super aus und
schmeckt doppelt so gut!

Kokos-Erdbeer-Eis

Rezept für 2 Personen:

2 EL Dr. Goerg Bio-Kokosmus

300 g Bio-Erdbeeren

1 kleine Bio-Banane

2 EL Dr. Goerg Bio-Kokosblütensirup

Zubereitungszeit: 10 Min.

Alle Zutaten zusammen in einen Standmixer geben und pürieren. Anschließend in eine flache Schüssel geben und abgedeckt 4–5 Std. in den Gefrierschrank stellen.

Tipp: Wer Zeit sparen möchte verwendet tiefgefrorene Früchte.

„Keine Lust auf Erdbeeren? Dann probieren Sie das Rezept mit Himbeeren aus."

Kokostella

Rezept für 2 kleine Gläser: 6 EL Dr. Goerg Bio-Kokosblütenzucker, 5 EL Dr. Goerg Bio-Kokosspeisefett, 4 EL Bio-Kakao, 420 g Bio-Haselnüsse (alternativ Mandeln), 1/2 TL Bio-Vanillearoma, 2 Prisen Salz
Zubereitungszeit: 15 Min.

Als Erstes den Backofen auf 180 °C Umluft vorheizen. Die Haselnüsse auf ein mit Backpapier präpariertes Blech gleichermaßen verteilen und im vorgeheizten Backofen bei 180 °C Umluft etwa 8–10 Min. rösten, bis die Haselnüsse zu duften beginnen. Die gerösteten Haselnüsse auf einem weiteren mit Backpapier präparierten Blech kurz auskühlen lassen und anschließend in einer Küchenmaschine zu einer ganz feinen Paste verarbeiten. Alle weiteren Zutaten nach und nach der Paste hinzugeben und miteinander verrühren bzw. pürieren.

Die Angaben für Dr. Goerg Kokosspeisefett, Kakao und vor allem Dr. Goerg Kokosblütenzucker sind Anhaltspunkte, die man natürlich je nach Geschmack verändern kann. Kokostella in vorbereitete, saubere Gläser mit Deckel abfüllen und im Kühlschrank aufbewahren.

PREMIUM BIO-KOKOSBLÜTENZUCKER VON DR. GOERG – natürlich und nachhaltig süßen. Der Zucker wird aus täglich frisch abgezapftem Kokosblütennektar gewonnen und hat einen niedrigen glykämischen Index von 35. Ideal zum Süßen von heißen und kalten Getränken und Speisen wie Cocktails, Gebäck und Co.

Kokospfannkuchen
mit frischen Beeren

Rezept für 2 Personen:

140 ml Dr. Goerg Bio-Kokosmilch, 2 gestr. EL Dr. Goerg Bio-Kokosmehl, 2 TL Dr. Goerg Bio-Kokosblütensirup, 1 gestr. EL Dr. Goerg Bio-Kokosspeisefett, 2 TL Dr. Goerg Bio-Kokosöl, 8 gestr. EL Bio-Dinkelvollkornmehl, 1 Handvoll Bio-Beeren (Erdbeeren, Himbeeren, Brombeeren o. Ä.), 1/2 Bio-Limette, 1 Msp. Zimt, 1 Prise Meersalz **Zubereitungszeit: 15 Min.**

Für den Pfannkuchenteig den Saft einer 1/2 Limette auspressen und zusammen mit Dr. Goerg Kokosmehl, Dinkelvollkornmehl, Dr. Goerg Kokosmilch, Kokosblütensirup und Kokosspeisefett, Meersalz und Zimt mit einem Schneebesen oder elektrischen Mixer zu einer homogenen Masse verrühren. Als Nächstes die Beeren vorsichtig waschen und mithilfe von Küchenpapier trocken tupfen. Eine kleine beschichtete Pfanne mit 1 TL Dr. Goerg Kokosöl erhitzen und darin bei mittlerer Hitze die Hälfte des Teiges gleichermaßen verteilen. Anschließend die Hälfte der Beeren darauf verteilen. Den Pfannkuchen bei mittlerer Hitze etwa 2–3 Min. von jeder Seite goldbraun backen. Den zweiten Pfannkuchen nach demselben Prinzip backen. Die Pfannkuchen auf Tellern anrichten sowie mit Dr. Goerg Kokosblütensirup beträufeln.

Tipp: Aus den großen Pfannkuchen lassen sich ganz einfach kleinere ausstechen.

Was macht die grünen Dr. Goerg Powerpakete Matcha und Moringa so einzigartig?

Matcha

Beruhigend und anregend zugleich.

Um etwa 600 n. Chr. wurde die Zubereitung von Matcha in China als Teil der traditionellen ostasiatischen Medizin entwickelt. Nach Japan wurde der Tee von einem buddhistischen Mönch gebracht, der die Heilwirkungen des Tees erkannte. Dort wurde Matcha zum Mittelpunkt der japanischen Teezeremonie und damit zum festen Bestandteil der japanischen Kultur. Heute wird wirklich hochwertiger Matcha nur von einer Handvoll renommierter japanischer Teehäuser hergestellt. Der Bio-Matcha von Dr. Goerg stammt aus einem davon – Spitzenqualität ist dort Tradition.

Unter großem Aufwand werden die Pflanzen vier Wochen vor der Ernte beschattet, damit sie besonders viel Chlorophyll und Aminosäuren einlagern. Anschließend werden sie handverlesen und gepflückt und dann schonend weiterverarbeitet. Dabei werden die Blätter in verschiedene Qualitätsstufen eingeordnet, professionell verkostet und anschließend mit einer Steinmühle schonend zermahlen.

Der koffeinhaltige Matcha schmeckt lieblich-süß und leicht herb. Ein kleines Geschmackserlebnis, das nicht nur als Tee schmeckt, sondern auch in Gebäck, Smoothies und vielen anderen Speisen.

Moringa

Ausgeglichenheit und Harmonie.

Moringa Oleifera ist die wohl nährstoffreichste Pflanze der Erde. Die in den Tropen und Subtropen heimische Pflanze enthält über 90 Vitalstoffe in hervorragender Kombination, sodass sie vom Körper optimal verwertet werden können.

Die beste Qualität erhält man mit einem naturbelassenen und erntefrischen Moringa-Pulver ohne Zusätze oder Beimischungen (z. B. andere Grünpulver). Oftmals wird der komplette Moringa-Strauch getrocknet und zu Moringa-Pulver vermahlen. Gründe für diese Art der Herstellung sind eine größere Menge an Pulver und somit ein höherer Gewinn. Unter dieser Vorgehensweise leidet allerdings die biologische Wertigkeit des Produkts. Daher verwendet Dr. Goerg nur die Blattspitzen der Moringa-Pflanze, sodass keine Äste oder Alttriebe in das Moringa-Pulver gelangen. Pflanzen aus Wildwuchs haben die größte Nährstoffdichte, da sie langsamer wachsen. Dr. Goerg garantiert eine schonende Trocknung und Mahlung unter 40 °C, damit die wertvollen Nährstoffe erhalten bleiben.

Das intensiv grüne Pulver mit seiner frischen Duftnote erinnert vom Geschmack an grünen Tee, Gras oder Heu. Sehr vollmundig, intensiv und „grün", ein wenig herb und doch fruchtig.

Moringa Oleifera –
eine Wohltat für die Sinne!

Matcha de Coco Cakes

Rezept für 6–8 Cakes:

100 ml Dr. Goerg Bio-Kokosmilch

2 EL Dr. Goerg Bio-Kokosblütensirup

1 1/2 gestrichene TL Dr. Goerg Bio-Matcha de Coco Pulver

120 g ungesalzene Bio-Cashewkerne

80 g Bio-Datteln

40 g Bio-Mandeln

30 g gepufftes Bio-Amaranth

Zubereitungszeit: 40 Min.

Zunächst eine kleine Schüssel mit Wasser füllen und darin die Cashewkerne etwa 5 Std. lang einweichen lassen.

In der Zwischenzeit die Mandeln in einen Mixer oder eine Küchenmaschine geben und fein zerkleinern. Datteln und das gepuffte Amaranth zugeben und erneut mixen, bis eine feine, klebrige Masse entsteht. Die Masse gleichermaßen auf zuvor eingefettete Muffinformen verteilen und in den Formen festdrücken.

Das Wasser, in dem die Cashewkerne eingeweicht wurden, abkippen und die Cashewkerne ebenfalls zusammen mit der Dr. Goerg Kokosmilch und dem Dr. Goerg Kokosblütensirup in einen Mixer geben. Auf hoher Stufe zu einer cremigen, feinen Masse verarbeiten. Dr. Goerg Matcha de Coco hinzugeben und erneut kurz auf höchster Stufe mixen. Diese Masse gleichermaßen auf die Muffinformen verteilen und anschließend etwa 6 Std. gefrieren. Vor dem Servieren die Matcha de Coco Cakes etwa 30 Min. auftauen lassen.

PREMIUM BIO-MATCHA DE COCO VON DR. GOERG – das Traumpaar aus Bio-Matcha-Grüntee und Dr. Goerg Premium Bio-Kokosblütenzucker. Hergestellt innerhalb von 72 Stunden nach der Ernte. Beruhigend und anregend zugleich. Ideal als Tee, zum Verfeinern von Getränken, Desserts und Müsli.

Kokos-Dattel-Pralinen
aus erntefrischer Kokosnuss

Rezept für ca. 50 Pralinen:

200 g Dr. Goerg Bio-Kokosraspel

80 ml Dr. Goerg Bio-Kokosblütensirup

1 Dr. Goerg Trinkkokosnuss

300 g Bio-Kakaopulver

200 g Bio-Cashewnüsse

6 Bio-Datteln (z. B. Medjool-Datteln)

Zubereitungszeit: 40 Min.

Für die Pralinenmasse die frische Dr. Goerg Trinkkokosnuss mit zwei nebeneinanderliegenden Löchern durchbohren. Mit den Löchern nach unten gerichtet das Kokoswasser in eine Schüssel abfüllen und beiseitestellen. Anschließend die Cashewnüsse in der Küchenmaschine zu einer sehr feinen Masse mahlen. Die Datteln entkernen und fein hacken. Beides zusammen mit 200 g Kakao, Dr. Goerg Kokosraspel, 2 EL Kokoswasser und Dr. Goerg Kokosblütensirup vermengen. Die Masse abgedeckt etwa 12 Std. an einem kühlen Ort (nicht im Kühlschrank!) ziehen lassen. Nun die Arbeitsfläche mit Frischhaltefolie auslegen und den restlichen Kakao gleichermaßen daraufstreuen. Nach und nach von der Pralinenmasse mit einem Teelöffel kleine Nocken abstechen, sie mit den Händen zu Kugeln rollen und im Kakao wälzen. Die Pralinen bis zum Verzehr kühl stellen.

Auch zu Kaffee, Tee oder Kakao ein Genuss! Das ist eine handgemachte Abwechslung zum gewohnten Amarettini. Überraschen Sie Ihre Gäste! Probieren Sie es einfach aus ...

„In Cellophantütchen verpackt, eignen sich die Pralinen hervorragend zum Verschenken."

KUCHEN & GEBÄCK

Von fast ganz traditionellen Kokosmakronen bis hin zu ausgefallenen neuen Kreationen: Vom Keks bis zur Torte bieten Dr. Goerg Premium Bio-Kokosöl, Kokosmus und Co. eine perfekte Möglichkeit, veganes Gebäck zu zaubern, das auch noch hervorragend schmeckt. Für jeden Anlass, zu jeder Zeit ein köstliches Vergnügen!

Kokos-Zitronen-Muffins

100 g Dr. Goerg Bio-Kokosblüten-zucker

130 g Bio-Dinkelmehl

2 TL Backpulver

120 g Dr. Goerg Bio-Kokosmehl

1/2 TL Natron

Je 2 EL helle und dunkle Sachia-Chia-Samen

1 TL Bio-Vanillemark

80 ml Bio-Sonnenblumenöl

Je 2 EL Bio-Zitronenzesten und -saft

200 g Bio-Sojajoghurt

250 ml Bio-Mandelmilch

1 Prise Salz

3 EL Dr. Goerg Bio-Kokos-speisefett

Rezept für 2 Personen: **Zubereitungszeit: 30 Min.**

Den Backofen auf 180 °C Umluft vorheizen. Als Nächstes alle trockenen Zutaten in einer Rührschüssel gut miteinander vermengen. Dann die restlichen Zutaten nach und nach hinzugeben und alle Bestandteile zu einem homogenen Teig verarbeiten. Die Muffinformen mit zuvor erwärmtem Dr. Goerg Bio-Kokosspeisefett einfetten und je Muffinform etwa 2 EL Teig einfüllen. Die Muffins im bereits vorgeheizten Backofen bei 180 °C Umluft etwa 20–25 Min. goldbraun backen.

EAT ME!

Kokos-Brownies

Rezept für 1 Backblech:

80 g Dr. Goerg Bio-Kokosflakes

4 EL Dr. Goerg Bio-Kokosmilch

2 TL Dr. Goerg Bio-Kokosblütensirup

2 EL rosa Beeren

200 g Bio-Haselnüsse

4 Bio-Datteln (mind. 15 Min. in warmem Wasser eingeweicht)

40 g Bio-Kakao

Mark von einer Bio-Vanilleschote

1 Prise Salz

Für die Ganache:

7 EL Dr. Goerg Bio-Kokosöl (flüssig gemessen)

3 EL Dr. Goerg Bio-Kokosblütensirup

5 EL Bio-Kakao

1 Prise Salz

Zubereitungszeit: 35 Min.

Dr. Goerg Kokosflakes in einem Mixer zerkleinern, bis sie krümelig sind, dann Dr. Goerg Kokosmilch hinzugeben, sodass sich eine Art „Kokospaste" bildet.

Nun die Haselnüsse im nicht vorgeheizten Backofen bei 180 °C Umluft für etwa 8–10 Min. rösten, bis sie zu duften beginnen. Anschließend die Haselnüsse auf einem Teller wenige Minuten auskühlen lassen. Eine kleine Handvoll Haselnüsse grob hacken, zum Schluss die rosa Beeren hinzugeben und zusammen erneut grob hacken, für die Garnitur beiseitelegen, die restlichen Haselnüsse im Mixer für wenige Sekunden zu einer feinen Masse mahlen. Kokospaste, entsteinte Datteln, Kakao, Dr. Goerg Kokosblütensirup, Vanillemark und Salz hinzugeben und alles erneut gut mixen, bis eine leicht feuchte, klebrige Masse entsteht. Die Brownie-Masse in eine rechteckige Form pressen.

Für die Ganache das Dr. Goerg Kokosöl in einem kleinen Topf leicht erhitzen, bis es flüssig wird. Dr. Goerg Kokosöl, Dr. Goerg Kokosblütensirup, Kakao und Salz homogen mixen, dann die noch recht flüssige Ganache auf die Brownies gleichmäßig verteilen und mit den zuvor gehackten Haselnüssen und rosa Beeren bestreuen. Die Brownies für etwa 2–3 Std. im Kühlschrank fest werden lassen, am besten über Nacht. Danach weiterhin kühl lagern.

Kokos-Schokoladen-Torte

Rezept für 1 Torte:

200 ml Dr. Goerg Bio-Kokosmilch

80 g Dr. Goerg Bio-Kokosmehl

1 Handvoll Bio-Himbeeren

200 ml Dr. Goerg Bio-Kokosblütensirup

100 g Bio-Sojamehl

80 g Bio-Kakaopulver

80 ml Bio-Sonnenblumenöl

Saft einer 1/2 Bio-Zitrone

4 Tropfen Vanillearoma

1/2 TL Backpulver

1 1/2 TL Natron

1 Prise Salz

Für die Glasur:

50 g Dr. Goerg Bio-Kokosspeisefett

200 g vegane Bio-Zartbitterschokolade

2 Tropfen Vanillearoma

50 ml Dr. Goerg Bio-Kokosblütensirup

Zubereitungszeit: 50 Min.

Zuerst den Backofen auf 160 °C Umluft vorheizen. In einer Schüssel 150 ml heißes Wasser mit Kakao zu einer glatten Masse verrühren und die übrigen feuchten Zutaten nach und nach hinzugeben.

Anschließend alle trockenen Zutaten in eine weitere Schüssel sieben und die feuchten Zutaten über die trockenen Zutaten gießen und beide Massen mit einem Schneebesen zu einer homogenen Masse vermengen und in eine mit Backpapier ausgelegte Springform füllen. Die Kokos-Schokoladen-Torte im vorgeheizten Backofen bei 160 °C Umluft etwa 45 Min. backen.

Für die Glasur alle Zutaten in einer Schüssel über dem Wasserbad schmelzen und vermengen, anschließend die Glasur wenige Minuten abkühlen lassen und gleichmäßig über den Kuchen streichen. Etwas Kakaopulver über die Kokos-Schokoladen-Torte sieben, mit Himbeeren garnieren und an einem kühlen Ort aufbewahren.

PREMIUM BIO-KOKOSSPEISEFETT VON DR. GOERG – es ist wasserdampfdesodoriert und daher geruchs- und geschmacksneutral. Hergestellt innerhalb von 72 Stunden nach der Ernte. Mit einem Rauchpunkt von 234 °C ist es hocherhitzbar. Perfekt zum Braten, Backen und Frittieren. Eine bewusste Alternative zu gehärteten und teilgehärteten Brat- und Backfetten.

Christian Opitz

Autor und Gesundheitsberater, der Kokosprodukte sehr zu schätzen weiß

»Ich bin in meiner Arbeit bereits vor 20 Jahren auf den besonderen gesundheitlichen Wert von Kokosöl und anderen Produkten aus der frischen Kokosnuss gestoßen. Durch die Firma Dr. Goerg habe ich dann eine Quelle von Kokosprodukten gefunden, die ich meinen Klienten uneingeschränkt empfehlen kann und die ich selbst mit anhaltender Begeisterung verwende.«

Bei meinen Klienten beobachte ich über die Jahre hinweg, welche Maßnahmen in ihrer Ernährung sie auf Dauer mit Freude beibehalten. Die Verwendung von Dr. Goerg Kokosprodukten gehört zu den nachhaltigsten Dingen, die Menschen in der Gestaltung einer gesunden Lebensweise tun, denn fast jeder, der einmal diese Produkte in die Ernährung integriert, bleibt auch dabei, einfach weil das eigene Körpergefühl und der Genuss dies einfordern. Eine gesunde Ernährung sollte auf Dauer keine Disziplin, sondern ein freudvoller Selbstläufer sein, und erntefrische Kokosprodukte können dazu einen sehr wertvollen Beitrag leisten.

Christian Opitz' Lieblingsrezept: die Kokos-Erdbeer-Torte

Christian Opitz – Jahrgang 1970, erkrankte in seiner Jugend an einer als unheilbar eingestuften Deformation der Wirbelsäule, von der er sich durch eine Ernährungsumstellung und Qigong komplett befreite. Er ist der Autor von „Befreite Ernährung" und verfügt über 25 Jahre Erfahrung als Gesundheitsberater. Er kombiniert in seiner Arbeit moderne Erkenntnisse der Biochemie und Biophysik mit traditionellem Wissen aus verschiedenen Kulturen.

Dr. Goerg Premium Bio-Kokosblütenzucker und -sirup versüßen nicht nur Christian Opitz' Lieblingsrezept ...

Der Bio-Kokosblütenzucker und -sirup werden täglich frisch hergestellt. Dafür wird der Kokosblütennektar in großen Schalen erhitzt und ständig gerührt, bis die gewünschte Konsistenz erreicht ist.

Kokos-Erdbeer-Torte

Rezept für 1 Torte:

2 Dosen Dr. Goerg Bio-Kokosmilch

3/4 Tasse Dr. Goerg Bio-Kokosöl

5 EL Dr. Goerg Bio-Kokosblütensirup

2 EL Dr. Goerg Bio-Kokosraspel

600 g Bio-Erdbeeren

2 Tassen Bio-Haferflocken

2 Tassen Bio-Mandeln, gemahlen

2 TL Zimt

1/2 TL Bio-Vanillemark

Zubereitungszeit: 45 Min.

Für den Boden: Haferflocken und Mandeln in einen Mixer geben und alles zu einer feinen, homogenen Masse mixen. Dr. Goerg Kokosöl in einem kleinen Topf zum Schmelzen bringen und der Masse hinzugeben. Dann den Dr. Goerg Kokosblütensirup sowie den Zimt dazugeben und alles erneut mixen, bis eine leicht klebrige Masse entsteht, die sich zu Teigklumpen formen lässt, wenn man sie fest mit den Händen formt. Sollte die Masse zu trocken sein, geben Sie einfach noch etwas Dr. Goerg Kokosöl hinzu.

Nun den Backofen auf 160 °C Umluft vorheizen. Eine Kuchenform mit etwas Dr. Goerg Kokosöl einfetten und den Boden zudem mit Backpapier auslegen. Den Bodenteig in die Mitte der Form geben und mit den Händen von innen nach außen formen, bis ein ebenmäßiger Boden sowie ein kleiner Rand entsteht. Den Boden für etwa 25–30 Min. im vorgeheizten Backofen backen, bis er goldbraun ist. Anschließend den Boden auskühlen lassen.

Für die Kokos-Erdbeer-Creme: Dr. Goerg Kokosmilch öffnen und den festen Teil der Creme oberhalb der Dr. Goerg Kokosmilch mit einem Löffel vorsichtig der Dose entnehmen und in den Mixer geben. Die Erdbeeren putzen, waschen und mit Küchenpapier trocken tupfen. Ein Drittel der Erdbeeren und die Vanille in den Mixer geben und alles zu einer gleichmäßigen Creme verarbeiten. Kokos-Erdbeer-Creme auf dem Boden gleichmäßig verteilen. Die übrigen Erdbeeren der Länge nach in Scheiben schneiden und kreisförmig auf der Kokos-Erdbeer-Creme verteilen. Die vegane Kokos-Erdbeer-Torte etwa 1 Std. im Kühlschrank deponieren. Zum Schluss mit Dr. Goerg Kokosraspel verzieren. Danach sofort servieren und genießen.

„Im Kühlschrank
gelagert bleibt die
Creme schön fest.“

Saftiger Kokoskuchen
in nur 20 Min.

100 g Dr. Goerg Bio-Kokosmehl

150 g Dr. Goerg Bio-Kokosblüten-zucker

200 g Bio-Dinkelmehl

6 EL Dr. Goerg Bio-Kokosraspel

1 Päckchen Vanillezucker

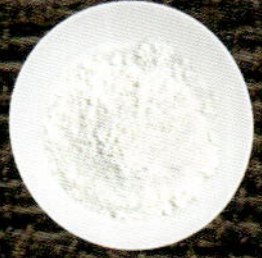
1 1/2 TL Backpulver

400 ml Dr. Goerg Bio-Kokosmilch

3 EL Dr. Goerg Bio-Kokosspeisefett

Rezept für 1 Kuchen: **Zubereitungszeit: 20 Min.**

Zuerst den Ofen auf 175 °C Umluft vorheizen. Für den Teig alle trockenen Zutaten in einer großen Schüssel miteinander vermengen. Anschließend die Dr. Goerg Kokosmilch hinzugeben und den Teig sehr gut verquirlen. Eine Kastenform mit Dr. Goerg Kokosspeisefett ausfetten und den Teig dort einfüllen. Den Kokoskuchen auf mittlerer Schiene etwa 40 Min. backen. Nachdem Sie den Kokoskuchen aus dem Ofen genommen haben, lassen Sie Ihn etwa 10 Min. auskühlen, so lässt er sich wesentlich einfacher aus der Form lösen.

„Ein wenig Kokosblütensirup auf dem Kuchen verstreichen, Kokosflakes drüberstreuen – perfekt!“

Kokos-makronen

Rezept für ca. 20 Kokosmakronen:

300 ml Dr. Goerg Bio-Kokosmilch

200 g Dr. Goerg Bio-Kokosflakes

100 g Dr. Goerg Bio-Kokosmehl

4 EL gemahlene Bio-Mandeln

4 EL Bio-Mandelmus

4 EL Dr. Goerg Bio-Kokosblütensirup

Etwa 20 TL Pflaumen-Himbeer-Marmelade

Zubereitungszeit: 30 Min.

Zuerst den Backofen auf 50 °C Umluft vorheizen. Die angegebenen Zutaten bis auf die Marmelade in einer Schüssel mithilfe eines Handrührgerätes zu einer geschmeidigen Masse verrühren. Aus dem Teig etwa 20 gleichmäßig große, abgeflachte Kugeln formen. Im vorgeheizten Backofen bei 50 °C Umluft und leicht geöffneter Tür die Kekskugeln auf Backpapier und Backblech etwa 4 Std. lang trocknen.

Anschließend einige Zeit lang abkühlen lassen und mit einem scharfen Messer die Kokosmakronen in der Mitte halbieren. Die Marmelade löffelweise auf jeweils eine Hälfte der Makronen gleichmäßig verteilen und mit der anderen Hälfte zudecken. Diesen Vorgang solange wiederholen, bis alle Kokosmakronen aufgebraucht sind.

Tipp: Wie viele Rohkosterzeugnisse lassen sich auch Kokosmakronen am besten bis zum Verzehr im Kühlschrank aufbewahren.

Die tropische Süße aus den Blüten der Kokospalme.

Wie entstehen der wertvolle Kokosblütenzucker und -sirup?

Hoch oben in den Kokospalmkronen wachsen die gelblichen Kokosblüten heran, aus denen die Kokosnüsse hervorgehen. Sie liefern den Rohstoff für den süßen und mild-karamelligen Zucker und Sirup – den wertvollen Kokosblütennektar.

Bevor sich die Kokosnüsse entwickeln, werden die Blütenstände in einem frühen Blütenstadium fest verschnürt und vorsichtig angeschnitten, sodass der Nektar langsam herausfließen kann. Die Kokosnussbauern sammeln den Nektar täglich ein und bringen ihn zur weiteren Verarbeitung. Der Nektar wird bei Dr. Goerg schonend und langsam erhitzt und dabei ständig von Hand gerührt. Mit viel Feingefühl und Erfahrung wird bald Kokosblütensirup daraus. Köchelt man diesen Sirup weiter, kristallisiert er und die feinen Körner des Kokosblütenzuckers bilden sich.

Durch die schonende Verarbeitung bei Dr. Goerg und den Verzicht auf Zusatzstoffe wie Rohrzucker, Saccharin und Melasse sowie auf weitere Behandlungen wie Raffination bleiben alle Nährstoffe und Vitamine erhalten. All das macht die Produkte von Dr. Goerg zum nachhaltigen und bewussten Genuss.

Je Palme werden täglich bis
zu 1 Liter Kokosblütennektar
eingesammelt und direkt
erntefrisch zu Kokosblüten-
zucker und -sirup verarbeitet.

Kokos-Sandkekse

Rezept für ca. 70 Kekse:

140 ml Dr. Goerg Bio-Kokosöl (im Wasserbad erhitzt)

100 g Dr. Goerg Bio-Kokosmehl

60 g Dr. Goerg Bio-Kokosblütenzucker

100 g Bio-Weizenmehl

1 TL Backpulver

2 EL Speisestärke

2 Prisen Salz

Zubereitungszeit: 35 Min.

Dr. Goerg Kokosmehl und Weizenmehl mit Dr. Goerg Kokosblütenzucker, Salz und Backpulver in einer Schüssel miteinander vermengen. Anschließend das zuvor verflüssigte Dr. Goerg Kokosöl hinzugeben und alles mithilfe eines Handrührgerätes zu einem geschmeidigen Teig kneten. Die Stärke in 12 EL Wasser auflösen und dem Teig zugeben. Den Teig erneut verrühren, bis eine flockige Konsistenz erzielt ist.

Anschließend den Teig zu einer Kugel formen und auf eine bemehlte Arbeitsfläche legen. Einen Bogen Backpapier auf die Masse legen und den Teig mit einem Nudelholz ca. 1/3–1/2 cm dünn ausrollen. Das Backpapier zwischen Teigrolle und Teig verhindert das Festkleben und Kaputtreißen des Teiges. Jetzt können Sie die Kekse nach Wunschmotiv ausstechen und auf ein mit Backpapier belegtes Backblech geben. Die Kokos-Sandkekse im vorgeheizten Backofen bei 180 °C Umluft etwa 12–15 Min. goldbraun backen.

PREMIUM BIO-KOKOSMEHL VON DR. GOERG – kleines „Ballaststoffwunder". Mit 40 % Ballaststoff- und 20 % Eiweißanteil ist es von Natur aus glutenfrei und ungebleicht – daher behält es seinen lecker-cremigen Ton. Hergestellt innerhalb von 72 Stunden nach der Ernte. Ideal für Suppen, Müsli, Gebäck, Smoothies und Co.

„Am besten halten sich
die Kokos-Sandkekse in Dosen,
kühl und trocken gelagert.

Kokos-Cupcakes
ohne Backen

1 Dose Dr. Goerg
Bio-Kokosmilch

1/2 EL
Bio-Vanillemark

3 EL Dr. Goerg
Bio-Kokosöl

125 g Bio-Mandeln

130 g weiche
Bio-Datteln

1 EL Dr. Goerg
Bio-Kokosblütensirup

10 Bio-Johannis-
beerenrispen

Rezept für 2 Personen: **Zubereitungszeit: 25 Min.**

Den oberen, festen Bestandteil der Dr. Goerg Kokosmilch mithilfe eines Esslöffels vorsichtig abnehmen und ohne Flüssigkeit in ein hohes Gefäß geben. Vanillemark und Dr. Goerg Bio-Kokosblütensirup hinzugeben und alles mithilfe eines Stabmixers fein pürieren.

Die Mandeln in ein weiteres Gefäß füllen und mithilfe eines Küchengerätes fein mahlen. Anschließend die Datteln zugeben und erneut mixen. Einen kleinen Topf mit Dr. Goerg Kokosöl erhitzen und die Mandel-Dattel-Mischung hinzufügen. Erneut verquirlen und die Masse in auf einem Backblech präparierte Edelstahlringe verteilen.

Die Kokosmilch-Masse in einen Spritzbeutel füllen und gleichmäßig auf die Cupcakes verteilen. Johannisbeeren unter fließend kaltem Wasser abwaschen, trocken tupfen und die Kokos-Cupcakes damit garnieren.

COCKTAILS & DRINKS

Ob erfrischender Cocktail, cremiger Smoothie oder schokoladig-süßer Drink – zu allen gibt es das passende Kokosnussprodukt. Das Dr. Goerg Premium Bio-Kokoswasser sorgt für spritzige Momente, das Kokosmus für cremige Versuchungen und Matcha de Coco für eine geschmackliche und optische Überraschung. Schluck für Schluck ein veganer, exotisch-frischer Genuss!

Fruity-Coconut-Smoothie

400 ml Dr. Goerg Bio-Kokoswasser

1/2 Bio-Mango, reif

6 Bio-Erdbeeren

1 Bio-Orange

Rezept für 2 Personen: **Zubereitungszeit: 15 Min.**

Die Mango schälen und ein Fruchtfilet seitlich des Steins abschneiden. Erdbeeren putzen, waschen und zusammen mit der Mango in einen Mixer geben. Anschließend Dr. Goerg Kokoswasser und Saft einer Orange hinzufügen und das Ganze kräftig mixen.

„Dieser Smoothie eignet sich auch hervorragend als ‚To-go-Smoothie'."

Dr. Goerg On the Beach

Rezept für 2 Personen: 80 ml Dr. Goerg Bio-Kokoswasser, etwas Dr. Goerg Bio-Kokosblütensirup nach Geschmack, 80 ml frischgepresster Bio-Ananassaft, 120 ml Banks Rum, Eiswürfel zum Auffüllen
Zubereitungszeit: 15 Min

Alle Zutaten in einem Cocktailshaker mit hartem Eis kräftig schütteln. Anschließend probieren und gleichermaßen in vorgekühlte Gläser seihen.

Himbeer-Smoothie

Rezept für 2 Personen: 50 g Dr. Goerg Bio-Kokosmus, 5 EL Dr. Goerg Bio-Kokosblütenzucker, 2 EL Dr. Goerg Bio-Kokosraspel, 2 Handvoll Bio-Himbeeren, 1 kleine Bio-Banane, 2 EL Bio-Zitronensaft, 200 ml Mineralwasser, Bio-Zitronenmelisse zum Garnieren **Zubereitungszeit: 15 Min.**

Die Himbeeren putzen, waschen und auf ein mit Küchenpapier präpariertes Backblech geben. Zwei Himbeeren beiseitelegen, den Rest mit geschälter Banane, Mineralwasser und den anderen Zutaten in einen Mixer geben und den Smoothie-Ansatz einmal kräftig mixen, bis sich eine glatte Masse gebildet hat. Den Himbeer-Smoothie gleichmäßig auf zwei Gläser verteilen und mit Dr. Goerg Kokosraspel, den Himbeeren und Zitronenmelisse servieren.

PREMIUM BIO-KOKOSRASPEL VON DR. GOERG – die naturbelassenen Raspel werden innerhalb von 72 Stunden nach der Ernte aus dem frischen Fruchtfleisch der Bio-Kokosnuss hergestellt und sind ungebleicht. Daher haben sie ihre leicht cremige Färbung. Echte Rohkost zum Verzieren, Verfeinern und Genießen.

„Den Glasrand mit etwas Zitronensaft einreiben und vor dem Befüllen in Dr. Goerg Kokosraspel drücken.“

Red Coconut Dream

8 cl Bio-Apfelsaft

6 cl Bio-Johannisbeersaft

1 Spritzer Dr. Goerg Bio-Kokosblütensirup

1/3 Longdrinkglas voll Crushed Ice

1 cl Bio-Zitronensaft

Rezept für 2 Personen: **Zubereitungszeit: 10 Min.**

Die oben aufgeführten Zutaten der Reihe nach abmessen und anschließend in einem Mixer sehr gut miteinander verquirlen. Den Cocktail-Ansatz mit Crushed Ice auffüllen und den Mixer so lange laufen lassen, bis der Cocktail eine cremige Konsistenz angenommen hat.

„Gefrorene Johannisbeerrispen eignen sich hervorragend als Deko.“

Kokoswasser – isotonische Erfrischung nach Art des Dschungels!

Was ist das Geheimnis des erntefrischen Kokoswassers von Dr. Goerg?

Bio-Kokoswasser – der ideale, isotonische Durstlöscher, nicht nur nach der anstrengenden Kokosnussernte im Dschungel. Kokoswasser ist eine fettfreie und kalorienarme Flüssigkeit, die sich ganz natürlich in jungen, grünen Kokosnüssen befindet, wenn das Fruchtfleisch noch ganz weich ist. Mit einer Machete aufgeschlagen trinken es die Kokosbauern gerne direkt aus der frisch geernteten Kokosnuss.

Innerhalb von 72 Stunden nach der Ernte wird das Dr. Goerg Bio-Kokoswasser erntefrisch abgefüllt und direkt nach Deutschland verschifft. Dadurch unterscheidet sich das Dr. Goerg Premium Bio-Kokoswasser von anderen, die aus gefrorenem Kokoswasser oder Kokoswasser-Extrakt erst in Deutschland hergestellt werden. Dieses Kokoswasser ist zudem meist stark behandelt und wird im Rahmen der Herstellung auf bis zu 110 °C erhitzt. Das starke Erhitzen dient der Abtötung der Bakterien sowie der Haltbarmachung. Das erntefrische Bio-Kokoswasser von Dr. Goerg wird weder stark erhitzt noch enthält es zugesetzten Zucker oder Konservierungsstoffe wie z. B. Ascorbinsäure oder Schwefeldioxid. Nur so bleiben die biologische Wertigkeit und alle wertvollen Nährstoffe, Vitamine und Spurenelemente erhalten.

Köstlich kühles Bio-Kokoswasser aus jungen, grünen Kokosnüssen schmeckt nicht nur unglaublich lecker, sondern ist auch als erfrischendes Sportgetränk die ideale Wahl, da es isotonisch und kalorienarm ist. Es ist von Natur aus gluten- und lactosefrei und schmeckt hervorragend pur oder zum Beispiel in Cocktails.

Prost! Oder wie es auf den Philippinen heißt: „Tagay!“

Vanilla de Coco

Rezept für 2 Personen:

300 ml Dr. Goerg Bio-Kokoswasser

3–4 EL Dr. Goerg Bio-Kokosflakes

Dr. Goerg Bio-Kokosblütensirup

2 Bio-Orangen

1 Bio-Babybanane

1 Bio-Limette

1 Bio-Vanilleschote

1/2 Longdrinkglas voll Crushed Ice

Zubereitungszeit: 15 Min.

Als Erstes den Saft beider Zitrusfrüchte auspressen und in einem Mixer mit Dr. Goerg Kokoswasser mischen. Das Mark einer Vanilleschote auskratzen, dazu die Vanilleschote der Länge nach halbieren und mit dem Messerrücken über jede Hälfte fahren und dabei das Mark entnehmen. Dem Cocktail-Ansatz zufügen. Babybanane schälen und zusammen mit Dr. Goerg Kokosflakes dem Cocktail-Ansatz zufügen. Alles in einem Mixer pürieren. Probieren, gegebenenfalls mit ein paar Spritzern Dr. Goerg Kokosblütensirup abrunden und gleichmäßig auf zwei Longdrinkgläser verteilen und Crushed Ice hinzufügen.

JUNGE, GRÜNE, FRISCHE PREMIUM TRINKKOKOSNÜSSE – isotonischer Trinkgenuss direkt aus der ganzen, frischen Kokosnuss. Die Kokosnüsse werden weder mit Fungiziden noch Insektiziden behandelt. 100% natürlicher Genuss – ganz ohne Chemie! Ideal zum Pur-Genießen oder Verfeinern von Speisen und Getränken.

1 Mango
1/2 Bund Petersilie, glatt
1 Bio-Banane
1 Stange Staudensellerie

Matcha-Smoothie

Rezept für 2 Personen: **Zubereitungszeit: 10 Min.**

Die Banane und Mango schälen, ein Fruchtfilet der Mango seitlich des Steins abschneiden und zusammen mit der Banane in den Mixer geben. Petersilie waschen, mit Küchenpapier trocken tupfen und die Blätter von den Stielen befreien. Staudensellerie putzen, waschen, in grobe Stücke schneiden und zusammen mit der Petersilie und den restlichen Zutaten in den Mixer geben. Den Smoothie-Ansatz einmal kräftig mixen und mit Zitronensaft abschmecken. Matcha-Smoothie gleichermaßen auf zwei vorgekühlte Gläser verteilen.

Absolut Coconut

120 ml Dr. Goerg Bio-Kokosmilch

50 ml Dr. Goerg Bio-Kokoswasser

20 ml Dr. Goerg Bio-Kokosblütensirup

1 EL Dr. Goerg Bio-Kokosmus

2 EL Dr. Goerg Bio-Kokosraspel

1/3 Longdrinkglas voll Crushed Ice

80 ml Absolut Vodka

40 ml Malibu-Coconut-Rum

20 ml Mandelsirup

Rezept für 2 Personen: **Zubereitungszeit: 15 Min.**

Die oben aufgeführten Komponenten der Reihe nach abmessen und anschließend in einem Mixer sehr gut miteinander verquirlen. Den Cocktail-Ansatz mit Crushed Ice auffüllen und den Mixer so lange laufen lassen, bis der Cocktail eine cremige Konsistenz angenommen hat.

Zuletzt den Cocktail dekorativ mit Dr. Goerg Koksraspel servieren.

„Ein paar Limettenzesten als Deko – das duftet, sieht super aus und schmeckt hervorragend.“

Tropical Coconut Dream

400 ml Dr. Goerg Bio-Kokoswasser

2 TL Dr. Goerg Bio-Kokosblütensirup

100 ml Dr. Goerg Bio-Kokosmilch

6 EL Crushed Ice

Sodawasser zum Auffüllen

100 ml Bio-Maracujasaft

1/2 Bio-Limette

Rezept für 2 Personen: **Zubereitungszeit: 10 Min.**

Limette heiß abwaschen, mit Küchenpapier trocken reiben und in Scheiben schneiden. Jeweils die Hälfte der oben angegebenen Zutaten bis auf die Limette und Minze in einen Cocktailshaker geben, mit Sodawasser auffüllen und den Cocktail kräftig schütteln.

Zwei Longdrinkgläser vorbereiten, dafür je eine Limettenscheibe auf das Longdrinkglas verteilen. Minze waschen, mit Küchenpapier trocken tupfen und je einen Stiel einem Longdrinkglas zugeben. Anschließend das erste Longdrinkglas mit dem Cocktail auffüllen und den zweiten Cocktail nach demselben Prinzip zubereiten.

„Probieren Sie diesen
ruchtigen Cocktail statt
mit Limette auch einmal
mit Zitrone aus.“

Blue Wonder

Rezept für 2 Personen: 400 ml Dr. Goerg Bio-Kokoswasser, 1 TL Dr. Goerg Bio-Kokosblütensirup, 2 Handvoll Bio-Salatblätter, 1 kleine Handvoll Bio-Wildkräutersalat, 1 Bio-Orange (geschält), 1 reife Bio-Banane, 1 kleine Handvoll Bio-Blaubeeren **Zubereitungszeit: 15 Min.**

Den Salat putzen, waschen und trocken schleudern. Die Banane schälen und zusammen mit den zuvor gewaschenen Blaubeeren sowie den anderen Bestandteilen in einen Mixer geben. Alle Zutaten zu einem feinen Smoothie verarbeiten und gleichmäßig auf zwei Stangengläser verteilen.

PREMIUM BIO-KOKOSWASSER VON DR. GOERG – hergestellt aus erntefrischen grünen Kokosnüssen innerhalb von 72 Stunden nach der Ernte. Ein isotonischer und erfrischender Genuss ohne Konservierungsstoffe und andere Zusätze. Ideal als Sportgetränk, in Cocktails, Smoothies und Co.

cups
5
4
3
2
1
40
32
24
16

Frozen Coconutmilk

1 kleines Stück Bio-Ingwer

1 Stängel Bio-Zitronengras

250 ml Dr. Goerg Bio-Kokosmilch

1/4 süße Bio-Ananas

1/2 Bio-Mango

1/4 Bio-Papaya

1 TL Dr. Goerg Bio-Kokosblütensirup

1/2 Bio-Limette

Einige Bio-Granatapfelkerne

2 Stiele frische Bio-Minze

Rezept für 2 Personen: **Zubereitungszeit: 15 Min.**

Als Erstes den Ingwer schälen und sehr fein reiben. Den Stiel des Zitronengrases mithilfe eines Messers flach klopfen. Einen kleinen Topf mit Dr. Goerg Kokosmilch, Ingwer, Zitronengras und 1/2 TL Dr. Goerg Kokosblütensirup einmal aufkochen, anschließend vom Herd nehmen und über Nacht ziehen lassen. Danach die Masse durch ein Tuch passieren und für etwa 30 Min. ins Gefrierfach stellen. Mango, Papaya und Ananas schälen und alles in feine Würfel schneiden. Die Limette unter heißem Wasser abspülen, mit einem Tuch trocken reiben und die dunkelgrüne Schale der Limette abreiben sowie den Saft einer halben Limette in eine Schüssel auspressen. Fruchtstücke mit 1/2 TL Dr. Goerg Kokosblütensirup, Limettenschale und -saft marinieren. Die Kokosmilch aus dem Gefrierschrank nehmen, mit dem Stabmixer mixen, in gekühlte Gläser füllen und den zuvor marinierten Fruchtsalat gleichermaßen auf die Gläser verteilen. Frozen Coconutmilk mit einigen Granatapfelkernen und je einer Minzspitze garnieren.

„Eine exotisch-fruchtige Erfrischung – perfekt für den nächsten Sommer."

Marcus Schall

CEO (Clean Eating Officer) von SuperGoodFood

„Mein Lieblingsprodukt von Dr. Goerg? Schwierig, da ich einige Dr. Goerg Produkte toll finde und generell ein großer Kokosfan bin! Kokosraspel, Kokosöl, Kokosmus … Vielleicht ist es das Kokosmus: sehr vielseitig und raffiniert zu verwenden – vor allem auch als Ergänzung oder gesunder Ersatz zum Süßen.

>> Green Coconut Breakfast S. 172
>> Clean Recovery Shake S. 178

Ben Urbanke

Extrem-Radsportler und Geschäftsführer bei FIBUR

„Für meine Ernährung ist es mir wichtig, Produkte von höchster Qualität zu verwenden. Ich nutze seit Jahren die Produkte von Dr. Goerg, da sie mich sowohl geschmacklich als auch qualitativ vollkommen überzeugen. Kokosmilch verwende ich sehr gerne in meinen Suppen, Kokos-Chips knabbere ich zwischendurch oder gebe sie als Topping auf mein Müsli und Kokosmus schmeckt toll in Smoothies. Darüber hinaus gefällt mir die transparente und nachhaltige Unternehmenspolitik von Dr. Goerg."

>> Feel-Good-Smoothie S. 166

Justin P. Moore

Kochbuchautor, Künstler und Grafiker

„Ich koche schon seit Jahren mit Kokosnussprodukten. Dr. Goergs hochwertiges und vielfältiges Sortiment hat mich schnell überzeugt. Beim Kochen und beim Ausprobieren neuer Rezepte verwende ich besonders gerne Dr. Goerg Kokosöl, Kokosmus und Kokosblütenzucker. Außerdem habe ich eine fast schon gefährliche Abhängigkeit von Matcha de Coco und den unglaublich karamelligen Kokos-Chips entwickelt."

>> Kokos-Masala-Chai-Kaffee S. 182

Kirstin Knufmann

Fotografin und Gründerin von PureRaw, ein Online-Rohkost-Shop

„Ich arbeite gerne mit den Produkten von Dr. Goerg. Sie lassen sich gut verarbeiten und zaubern einen Hauch von Frische und Exotik in jedes Gericht. Nicht nur der ausgezeichnete Geschmack und die frische Verarbeitung zeichnen diese Produkte aus. Es ist auch der nachhaltige Anbau, der faire Handel und die hochwertige Verarbeitung. Das Vertrauen in all diese Punkte ist für mich ein wichtiger Aspekt, der dafür sorgt, dass ich Dr. Goerg in Sachen Kokos treu bleibe und immer gerne in meine Küche einbringe."

>> 1001 Nacht S. 168

Claudelle Deckert

Schauspielerin, Autorin und Ernährungsberaterin

„Als absoluter Gesundheitsfanatiker und Kokosnuss-Junkie war es nur eine Frage der Zeit, bis ich auf die Produkte von Dr. Goerg stoße. Die heilende Kraft und die gesundheitlichen Vorzüge der Kokosnuss haben mich tatsächlich sofort überzeugt: MCT, die mittelkettigen Fettsäuren, senken den LDL-Cholesterinspiegel, liefern hochwertige Energie, regen den Stoffwechsel an und wirken entzündungshemmend. Praktischerweise werden diese Fette vom Körper nicht als Fett eingelagert. Was will man mehr als Frau? Ich benutze die Produkte von Dr. Goerg zum Kochen, Backen oder auch zum Smoothiezubereiten und Braten. Da Kokosöl bei starker Hitze stabil bleibt, entwickeln sich keine gesundheitsschädlichen Schadstoffe. Einfach nur großartig!"

>> Mr. Greeny S. 170
>> Rote Sünde S. 176
>> Mrs. Sunshine S. 180
>> Schoko-Mandel-Drink S. 184

Laura Schneider

Kolumnistin, Moderatorin und Schauspielerin

„Ich bin absolut begeistert von all den leckeren Dr. Goerg Bio-Kokosprodukten. Ganz besonders liebe ich das Kokosmus. Ein Löffel davon und die Sonne geht auf! Bei jedem Wetter, jeder Laune oder Stimmung. Da lacht einfach das Herz!"

„Manfred Görg hat eine beeindruckende Firmenphilosophie und pflegt einen fairen, respektvollen Umgang mit seinen Mitarbeitern und Bauern vor Ort. Dazu legt er Wert auf reine Bio-Qualität. Das schätze ich sehr an seinem Unternehmen. Er ist ehrlich und hat ein großes Herz! Nur die beste Qualität kommt in die Regale, dafür sorgt er persönlich. Das ist wirklich großartig! Ich habe absolutes Vertrauen in Dr. Goerg!"

>> Cat Cao de Coco S. 174

Feel-Good-Smoothie
by Ben Urbanke

Rezept für 2 Personen:

1 EL Dr. Goerg Bio-Kokosmus

300 ml Bio-Mandelmilch

1 Bio-Banane

1 Bio-Mango

1 Handvoll junger Bio-Blattspinat (ersatzweise Feldsalat)

1 1/2 TL Bio-Vanille

Zubereitungszeit: 15 Min.

Zuerst die Banane schälen, grob schneiden und in einen Standmixer geben. Die Mango ebenfalls schälen, die beiden Fruchtfilets seitlich des Steins abschneiden, ebenfalls grob schneiden. Auch das restliche Fruchtfleisch vom Stein schneiden und alles zusammen in den Standmixer geben. Blattspinat putzen, gründlich waschen, trocken schleudern und zusammen mit Mandelmilch und Dr. Goerg Kokosmus sowie dem Mark 1/2 Vanilleschote in den Standmixer geben.

Das Ganze kräftig aufmixen, bis alle Zutaten eine flüssig, cremige Konsistenz angenommen haben. Zuletzt den Feel-Good-Smoothie gleichermaßen auf zwei vorgekühlte Longdrinkgläser verteilen und sofort genießen.

Ben Urbanke wurde 1984 in Duisburg geboren und lebt in Münster und Berlin. Der Extrem-Radsportler nimmt an Radrennen im In- und Ausland teil. Beim 600-Kilometer-Rennen rund um Köln stellte er 2014 einen neuen Streckenrekord auf. 2015 fuhr er beim berühmtesten Fahrradmarathon der Welt, Paris-Brest-Paris (1.230 Kilometer, 6.000 Teilnehmer), unter die Top 60 und blieb unter der für Radsportler magischen Grenze von 50 Stunden.

Seine Ernährungsumstellung auf rein pflanzliche Lebensmittel führte in den letzten Jahren zu deutlichen Leistungssteigerungen. Als Antwort auf die vielen Nachfragen zu seinem Ernährungskonzept schrieb Ben Urbanke sein erstes Buch: „BE FASTER – GO VEGAN". Daneben gründete er das Unternehmen GOODSPORT, unter dessen Namen Sportnahrungsmittel angeboten werden, die auf Grundlage des Ernährungskonzepts entwickelt worden sind.

Hauptberuflich ist Ben Urbanke Geschäftsführer bei FIBUR – der ersten ethisch-ökologischen Vorsorgeberatung Deutschlands. Ben Urbanke hat FIBUR 2010 gegründet, nachdem er sein Wirtschaftsethik-Studium mit Auszeichnung abgeschlossen hat.

Feel good

1001 Nacht
by Kirstin Knufmann

Rezept für 2 Personen: 300 ml Dr. Goerg Bio-Kokosmilch, 2 TL Dr. Goerg Bio-Kokosflakes, 1 faserarme Bio-Mango (alternativ 1/4 Bio-Ananas/ TK-Früchte), 2 Bio-Datteln, entsteint (optional 1 TL Lucuma- oder 1 TL Macapulver), 4 Bio-Schisandrabeeren, 1/4 TL Zimt, 1/4 TL Vanille-pulver, 1/4 TL Kurkuma, 2 Körner weißer Pfeffer, 3 Stiele frischer Bio-Koriander, 5 Blätter frischer Bio-Salbei (gerne Ananassalbei oder roter Salbei)
Zubereitungszeit: 15 Min.

Alle Zutaten außer den frischen Kräutern (Koriander und Salbei) in den Mixer geben und diese zu einem cremigen Smoothie mixen. Nach Bedarf Wasser hinzufügen. Anschließend den Koriander und Salbei waschen, mit Küchenpapier trocken tupfen, die Blätter von den Stielen befreien, fein hacken und in den Smoothie einrühren. Den Smoothie auf zwei Gläser verteilen und mit Dr. Goerg Kokosflakes garnieren.

Kirstin Knufmann wurde 1980 in Frechen bei Köln geboren. Sie lernte im Immobilienbereich in einem großen Unternehmen, bevor Sie sich dazu entschloss in eine andere Richtung zu steuern und Fotografie zu studieren. Nach ihrem Studium in Köln und Barcelona lebte sie in München und arbeitete in New York und Los Angeles als Mode- und Celebrity-Fotografin.

Dort kam sie zum ersten Mal mit der Zubereitung von Rohköstlichkeiten in Berührung. Seitdem ist sie fasziniert und inspiriert von der Rohkostküche, gründete 2010 die Marke PureRaw und präsentiert in Ihrem Erstlingswerk „Raw! Meine raffinierte Rohkostküche" (2013, Christian Verlag) eigene Kreationen der roh-veganen Küche.

PureRaw ist führend im Bereich „Superfoods". „Natürlich Roh Vegan" ist das Aushängeschild der Marke.

Kirstin Knufmann ist seit mehreren Jahren eine gefragte Referentin zum Thema vegane Rohkost und Inspiriert mit Freude und Genuss zu einer gesunden Lebensweise.

Foto © Christian Verlag / Maria Brinkop

Mr. Greeny
by Claudelle Deckert

2 Handvoll
frischer Bio-Spinat

1 Handvoll
Bio-Feldsalat

330 ml Dr. Goerg
Bio-Kokoswasser

1 EL Chiasamen

2 Bio-Passionsfrüchte
(alternativ: 1 Mango)

1 Bio-Apfel

300 ml gefiltertes,
kaltes Wasser
(evtl. etwas mehr)

1 Bio-Banane

1 kleines Stück
Bio-Ingwer

Rezept für 2 Personen: **Zubereitungszeit: 10 Min.**

Alle Zutaten in einen Mixer geben. Dieser grüne Power-Drink steckt voller Lebenskraft.

Tipp: Sie können nach Belieben verschiedene Blattgrüne miteinander kombinieren. Mangold, Löwenzahn, verschiedene Salatsorten und Kohl. Grünkohl oder auch Wirsing geben in der Winterzeit besonders viele stärkende Nährstoffe ab, die unser Immunsystem kräftigen und uns fit halten.

Green Coconut Breakfast
by Marcus Schall

Spinat und Obst waschen, Birne klein schneiden, Avocado halbieren und auskratzen. Alles in einen leistungsstarken Mixer geben und ca. 30–40 Sek. pürieren (bei schwächeren Geräten ggf. länger).

Dr. Goerg Bio-Kokoswasser ist isotonisch und daher ein idealer natürlicher Elektrolytlieferant. Avocados liefern unter anderem ungesättigte Fettsäuren, sekundäre Pflanzenstoffe und wertvolle Ballaststoffe. Daher sind Avocados nicht nur eine tolle Zutat für Smoothies, sondern auch ein hervorragender Snack oder gesunder Butterersatz. Die in Kokosmus enthaltenen mittelkettigen Fettsäuren kurbeln den Stoffwechsel an, Laurinsäure wirkt zudem antibakteriell. Kokosöl unterstützt wirkungsvoll die Entgiftungsprozesse im Körper. Ingwer wirkt antibakteriell, verdauungsfördernd und stärkt die Abwehrkräfte. Feldsalat gehört zu den besonders Vitamin-C-haltigen Salatsorten. Zudem ist er reich an Kalium, Vitamin A und B_6.

3/4 reife Bio-
Avocado, am besten
Sorte „Hass“
1 mittelgroße reife
(süße) Bio-Birne
2 Bio-Datteln
Dr. Goerg
Erntefrische-
Siegel
Das Beste aus der erntefrischen Kokosnuss
DR·GOERG
Premium Coconut Products
PREMIUM
Bio-Kokosmus
VEGAN
BIO
1 TL Dr. Goerg
Bio-Kokosmus

Cat Cao de Coco
by Laura Schneider

200 ml Dr. Goerg Bio-Kokoswasser

2 EL Dr. Goerg Bio-Kokosmus

1 Msp. Katzenkralle

1 EL Dr. Goerg Bio-Matcha de Coco

2 TL Bio-Kakao

2 Bio-Datteln, entsteint

Rezept für 2 Personen: **Zubereitungszeit: 10 Min.**

Alle oben angegebenen Zutaten in einen Standmixer geben, das Ganze einmal kräftig aufmixen und Cat Cao anschließend gleichermaßen auf zwei Gläser oder Tassen verteilen.

Tipp: Dr. Goerg bietet saisonbedingt auch junge, erntefrische Kokosnüsse an, hier lässt sich das Dr. Goerg Kokosmus durch das Kokosfleisch dieser Kokosnüsse ersetzen. Übrigens: Die Dr. Goerg jungen Trink-Kokosnüsse, sind die einzigen erntefrischen, unbehandelten Kokosnüsse die es gibt.

Laura Schneider ist Kolumnistin, Moderatorin und Schauspielerin. Bekannt wurde sie durch das ARD-Dailyformat „Marienhof". Sie erhielt bereits in jungen Jahren für ihren selbstgeschriebenen Song „Immer wieder" mit über 480.000 verkauften Singles Goldene Schallplatten und Auszeichnungen.

Die charismatische Botschafterin des bewusst pflanzlichen Modus Vivendi absolvierte 2013 zum Holistic Health Coach am Institute of Integrative Nutrition New York City, spezialisierte sich in Deutschland an der RainbowWay-Akademie auf die roh-vegane Sichtweise, wurde holistische Vitalkostlebensberaterin, erhielt dafür ein Diplom und meisterte nebenbei eine internationale Ausbildung zur Yogalehrerin.

Authentisch und natürlich schreibt Laura Schneider heute für vegane Lifestyle-Magazine und bloggt auf ihrer eigenen Seite www.laura.world!

Rote Sünde
by Claudelle Deckert

Rezept für 2 Personen: 1 Päckchen gemischte TK-Beeren, 1 Päckchen Bio-Blaubeeren oder Heidelbeeren, 1 Päckchen Bio-Himbeeren oder eine andere Beerensorte, 3 getrocknete Bio-Datteln ohne Kerne, 2 EL Dr. Goerg Bio-Kokosblütensirup, 1 TL Acai-Pulver, 2 Bio-Passionsfrüchte zum Garnieren
Zubereitungszeit: 15 Min.

Alle Zutaten in den Mixer geben. Den sündhaft roten Saft in Gläser füllen und mit jeweils einer Passionsfrucht garnieren.

Claudelle Deckert – in Düsseldorf geborene Schauspielerin, die vielen aus der täglichen Vorabendserie „Unter uns" und verschiedenen ZDF-Filmproduktionen bekannt ist. Anfang 2015 brachte sie das erfolgreiche Kinderbuch „Agathe Ugly" auf den Markt. Ihre Leidenschaft gilt der basisch-veganen Ernährung, die sie dazu bewegte, eine Ausbildung zur holistischen Ernährungsberaterin und 5-Elemente-Köchin zu absolvieren und als Kolumnistin für die „Vegan Life" zu schreiben. Claudelle Deckert lebt mit ihrem Mann und ihrer Tochter in Düsseldorf.

Clean Recovery Shake
by Marcus Schall

Rezept für 2 Personen:

2 Handvoll TK-Mango

3 EL Bio-Sojajoghurt

2 Bio-Datteln, entsteint

1 Stück frische Kurkuma, ca. 2–3 cm

1 Stück frischer Ingwer, ca. 2–3 cm

1 kleine Prise Himalaya- oder Meersalz, noch besser: Keltisches Meersalz

250 ml Dr. Goerg Bio-Kokoswasser

100 ml Dr. Goerg Bio-Kokosmilch

Zubereitungszeit: 15 Min.

Genau das richtige nach dem Sport oder einer intensiven körperlichen Belastung: natürliche Nährstoffe, elektrolytreiches Kokoswasser, leicht verdauliche Fettsäuren, dazu immunstärkender Ingwer und Kurkuma.

Ingwer und Kurkuma waschen und klein schneiden. Zusammen mit den anderen Zutaten in einen leistungsstarken Mixer geben und ca. 30–40 Sek. pürieren.

Optional mit Roh-Kakaonibs (diese enthalten unter anderem die leistungsfördernde Aminosäure Arginin) und Dr. Goerg Kokosflakes garnieren.

Marcus Schall – Jahrgang 1972, aufgewachsen in Neuwied, lebt seit 4 Jahren in Hamburg. Ehemals im Vertriebsmanagement im Sportbereich tätig. Mittlerweile CEO (Clean Eating Officer) von SuperGoodFood, einem Informationsportal zu gesunder Ernährung, neuesten Food-Trends und deren Hintergründen. SGF veranstaltet regelmäßige Workshops und Seminare, unter anderem für Miele und Werder Sports in Bremen. Weiterhin betreut Marcus Schall Sportler und Teams hinsichtlich leistungsorientierter, natürlicher Ernährung – unter anderem die Berliner Eisbären. Als offizieller „ASICS Nutrition Expert" und Headcoach des neuen ASICS-Trainingsquad ist er zudem für ASICS Deutschland tätig und schreibt regelmäßig Artikel in diversen Fachzeitschriften. supergoodfood.de · facebook.com/supergoodfoodhulk

2 Bio-Orangen
ohne Schale
1 Päckchen TK-Mango
und 1 vollreife Bio-Mango
ohne Schale und
vom Kern getrennt
DR.GOERG
Premium Coconut Products
PREMIUM
Bio-Kokoswasser
Organic Coconut Water
VEGAN
BIO
PH-BIO-154
Philippinen
Landwirtschaft
Philippines
Agriculture
100% aus erntefrischen,
grünen Kokosnüssen
100% made from freshly-
harvested, green coconuts
330 ml Dr. Goerg
Bio-Kokoswasser
1 TL Dr. Goerg
Bio-Matcha de Co

Mrs. Sunshine
by Claudelle Deckert

Alle Zutaten in den Mixer geben. Den Saft in Gläser gießen und mit Kokosflakes garnieren.

Kokos-Masala-Chai-Kaffee
by Justin P. Moore

Rezept für 2 Personen: 2 EL Dr. Goerg Bio-Kokosraspel, 3–4 TL Dr. Goerg Bio-Kokosblütenzucker, 120 ml Espresso (doppelter Espresso) alternativ sehr starker schwarzer Tee, 240 ml Wasser, 2–3 Stückchen Zimtrinde, 3 Kardamomkapseln, 1 cm frischer Bio-Ingwer, fein gehackt, 2 Nelken, 1 Prise Muskatnuss
Zubereitungszeit: 15 Min.

Espresso (oder Tee) brühen und Wasser zum Kochen bringen. Beides in einem großen Glas oder einer Schüssel verrühren. Zimt, Kardamom, gehackten Ingwer, Nelken und gemahlenen Muskat hinzufügen. Mit einer Untertasse abdecken und 10 Min. ziehen lassen. Durch ein Sieb in einen Hochgeschwindigkeitsmixer gießen. (Gewürze wegwerfen.) Dr. Goerg Kokosraspel und Dr. Goerg Kokosblütenzucker zugeben. Alle Zutaten glatt pürieren. In Gläser oder Tassen füllen und genießen.

Justin P. Moore lebt seit 2001 als Künstler und Grafiker in Berlin. Er ist der Autor von „The Lotus and the Artichoke", einer Kochbuch-Reihe mit veganen Rezepten, Fotos und Kunst, die von seinen Weltreisen in fast 50 Ländern inspiriert wurde. Justins drittes Kochbuch „SRI LANKA" ist diesem wunderbaren Inselparadies gewidmet, wo er mit seiner kleinen Familie zehn Wochen lang auf einer kulinarischen Entdeckungsreise unterwegs war. Seine Rezepte sind stark von asiatischen und tropischen Einflüssen geprägt, und vor allem seine sri-lankischen, südindischen und thailändischen Rezepte verwenden eine aus diesen Küchen nicht wegzudenkende traditionelle Zutat: Kokosnuss in fast jeder erdenklichen Form.

Cremiger Schoko-Mandel-Drink
by Claudelle Deckert

Rezept für 2 Personen:

500 ml Bio-Mandel- oder wahlweise Sojamilch

75–100 g Bio-Mandeln

2–3 getrocknete Bio-Datteln, entsteint

1 reife Bio-Banane

1 1/2 EL Dr. Goerg Bio-Kokosmus

1 EL Bio-Carob-Pulver

1/2 gehäufter EL rohes Bio-Kakaopulver

Nach Bedarf etwas Dr. Goerg Bio-Kokoswasser

Zubereitungszeit: 10 Min.

Alle Zutaten in den Mixer geben. Sollte die Konsistenz zu dickflüssig sein, noch etwas Dr. Goerg Kokoswasser zufügen.

Tipp: Aus dem Schoko-Mandel-Drink kann man auch einen leckeren Pudding zaubern. Einfach etwas von dem Drink in eine Müsli-Schale geben und 1 EL Chiasamen einrühren. Eventuell noch etwas Flüssigkeit nachgießen, damit die Chiasamen besser aufquellen. Für mindestens 1 Std. in den Kühlschrank stellen und danach den Pudding genießen.

PREMIUM BIO-KOKOSMUS VON DR. GOERG – der Allrounder. Das cremige Mus wird schonend innerhalb von 72 Stunden nach der Ernte aus dem erntefrischen Fruchtfleisch der Bio-Kokosnuss hergestellt. Es ist frei von jeglichen Zusätzen – echte, naturbelassene Rohkost. Perfekt zum Löffeln oder Verfeinern von Suppen, Desserts, Drinks und Co.

„1 TL Zimt oder Kardamom zugeben – schmeckt köstlich!“

Impressum:

Dr. Goerg GmbH · Montabaur / Germany

www.drgoerg.com

Rezepte: Jan-Philipp Cleusters (Ausnahmen sind vermerkt)

Food-Fotografie: Anna Schneider

Vor-Ort-Fotografie: drgoerg.com

Konzept, Design, Fotosetting, Produktion:
hartmann//partner design & kommunikation GmbH

ISBN 978-3-00-051818-8 · Printed in Germany